你就是答案

活出独一无二的自己

武志红◎著

北京联合出版公司
Beijing United Publishing Co.,Ltd.

图书在版编目（CIP）数据

你就是答案：活出独一无二的自己 / 武志红著 . —北京：北京联合出版公司，2016.6（2020.7 重印）

ISBN 978-7-5502-7386-3

Ⅰ．①你… Ⅱ．①武… Ⅲ．①心理学 Ⅳ．① B84

中国版本图书馆 CIP 数据核字（2016）第 059091 号

## 你就是答案：活出独一无二的自己

作　　者：武志红
选题策划：北京时代光华图书有限公司
责任编辑：孙志文
特约编辑：李艳玲
封面设计：新艺书文化
版式设计：曾　放

北京联合出版公司出版
（北京市西城区德外大街 83 号楼 9 层　100088）
北京时代光华图书有限公司发行
北京晨旭印刷厂印刷　　新华书店经销
字数 147 千字　　787 毫米 ×1092 毫米　　1/16　　14.25 印张
2016 年 6 月第 1 版　　2020 年 7 月第 8 次印刷
ISBN 978-7-5502-7386-3
定价：45.00 元

**版权所有，侵权必究**
未经许可，不得以任何方式复制或抄袭本书部分或全部内容
本书若有质量问题，请与本公司图书销售中心联系调换。电话：（010）82894445

# 目录

序言 爱上独一无二的自己 // V

## PART 1　心知道答案

你敢不敢成为有钱人 // 2
你的立场是什么 // 10
尊重你自己的感受 // 14
谁摇动了我们的立场 // 18
第一流的才能都源自内心 // 23
你为什么太在乎别人评价 // 27
你最丰盛的资源在你心中 // 31
充沛的感觉如何产生 // 35
生命的意义在于选择 // 39

忠于你内心做事就会有这样的结果——你经常会展现出远远超乎水平的能力来。

从现在开始，你自己来 // 42

对控制者说不，找到自己的节奏 // 46

习惯性迟到是怎么回事 // 54

## PART 2 —— 做一棵永远成长的苹果树

做一棵永远成长的苹果树 // 60

我们再也不会为你玩了 // 64

把一张纸折叠 51 次…… // 68

挫折具有非凡价值 // 72

修炼你的挫折商 // 76

有梦想才有立场 // 80

> 生命中最重要的是成为一棵永远成长的苹果树，不因为太计较得到多少果子而成为一棵自断经脉的苹果树。

## PART 3 —— 不要活在别人的观感里

懂事，或是很深的绝望 // 86

别人怎么对你，反映了他的内心 // 90

别人怎么对你，可能是被你教会的 // 95

了解别人是有秘诀的 // 99

自卑是怎么回事 // 104

你的人生是你创造的 // 108

> 不要被别人摇动你的心。你很容易被对方的气势压倒，令自己被对方的不良情绪污染，成为对方宣泄情绪的垃圾桶。如果总是被别人这样污染，那最后你的身心就会落下很多问题。

contents / 目　录

警惕你的选择性失明 // 112
内向与外向 // 116
付出与索取 // 120

PART 4 —— **不叛逆，无独立**

叛逆，只是为了做自己 // 126
父母与孩子的完美关系模式 // 130
用更优雅的方式表达"叛逆" // 134
成长，就是与家分离的过程 // 137
你可以与父母拉开一个界限 // 142
从小事开始"起义" // 147
你不必活在父母的梦想里 // 151

很多父母期待孩子替自己活出梦想，你不情愿或对着干，就是叛逆。其实你只不过是在想，你的人生你做主。叛逆，是为了闯出一条路来，如果早就有了一条路，还叛逆个什么劲。

PART 5 —— **恋爱，是"第二次童年"**

恋爱，恋什么 // 158
一见钟情是怎么回事 // 162
爱是深深的理解与接受 // 167
心灵的三层结构 // 171

每个恋爱的故事，都像是我们与父母关系的一次重演。钟情于一个和父亲（母亲）相像的异性，是为了重温童年的美好，钟情于一个和父亲（母亲）相反的异性，是为了修正童年的错误。

III

每个人在爱面前都是自卑的 // 174

跳好爱情这支双人舞 // 178

女孩，爱护好你的身体 // 183

一切都是为了爱 // 187

## PART 6 当梦想撞上现实

只有偏执狂才能生存？ // 192

懂得放弃的智慧 // 195

走出心灵僻径 // 199

跳进生命的河流 // 204

区分想象、行为与后果 // 208

沟通无比重要 // 211

> 真实的事物，就是生命的河流，你不能在岸上学会游泳，你必须勇敢跳进生命的洪流中，拿出你的全部身心，与人、与事物真实地碰触。只有这样，你才能体验到，什么叫生命！

## 序言 爱上独一无二的自己

每个人都是宇宙的中心！

诺贝尔文学奖得主、被誉为"俄罗斯的良心"的大文豪索尔仁尼琴如是说。

愿我们每个人，能活出这种感觉。

但怎样才能活出这种感觉？我们可以向股神巴菲特取经。巴菲特说，他生命中最有价值的教诲，来自于父亲。从小，父亲就一直对他说：尊重你自己的感觉！你的感觉越是特殊，别人就越喜欢对你说三道四，而这时候你要做的，就是坚持从自己的感觉出发。

因为有这样的信条，巴菲特才能在炒股时坚持他所说的名言"别人恐惧的时候我贪婪，别人贪婪的时候我恐惧"。

尊重自己的感觉，活出"每个人（首先是你自己）都是宇宙的中心"这种感觉，有什么意义吗？

首先，你会很自在。

其次，从功利的角度看，你可以看到，在各个领域，拥有第一流才能的人都具备这个特点：至少在他们所擅长的那个领域，他们做事时，是充分依据自己的感觉，而不是其他。

譬如，日本"动画片之王"宫崎骏，当有记者问他："你有这么多观众，你在拍片时如何考虑你的观众？"他回答说："我从来不考虑我的观众。"宫崎骏相信每个电影中的故事，都有其自身的逻辑，他必须忠于这个逻辑，而要做到这一点，他必须相信自己感觉的指引。

我喜欢看NBA（美国职业篮球联赛），NBA的球星们，不管他们在生活中是什么样的人，他们在球场上，多有这种感觉——我是宇宙的中心！

当有记者问NBA的球星，你认为谁是NBA中最厉害的，他们多会说：我自己！

例如，火箭队的球星哈登会这么说，鹈鹕队的巨星戴维斯也会这么说。他们都说，希望在职业生涯结束时，自己能成为NBA历史上前五的球员。

还有很多很多NBA的球星都会说：我是最好的！当价值被否

定时，一些球员会爆发出惊人的能量，力求证明自己。譬如2016年，开拓者队的利拉德竟然没有被选入全明星，结果全明星赛后，他有了大爆发，在和创造历史最佳战绩的勇士队对垒时，不仅灭了勇士队，还打出了自己职业生涯最高的51分。

在讲究谦逊、信奉"枪打出头鸟""出头的橼子先烂"这些哲理的中国人看来，他们实在太自恋了。我也认为，哈登和戴维斯无论如何，都成不了NBA历史上前五的人物。

他们对此也有自知，但他们会说，我必须有"我是最好的"这样的心愿，然后才能在球场上爆发出惊人的能量。

在做自己时，欧美人是充分自恋的。但有意思的是，在教育后辈时，欧美人却可以是充分谦逊的，他们特别注意，不要将自己的信条，强加到别人身上。

我是一个摄影发烧友，看过一本摄影书，其中采访了几十名美国最优秀的摄影师，都问了他们一个问题——对于新手你们有什么建议，而他们无一例外都有类似的回答——找到你自己的路。

国人是相反的。在做自己时，容易是压抑的，而在教育别人时，却很容易好为人师，喜欢将自己成功的经验，强加到别人身上。相信无数人从家长、老师或其他人身上听到过类似的话——我告诉你该如何通向成功。

这也是心理学最基本的一个道理。心理学称，如果一个人做什么，主要是从自己的感觉出发，那么他就会有一个清晰的真自我；但假若一个人做什么都是从别人的感觉出发，那么他就会有一个假自我。这个假自我，是一个人痛苦的重要原因。

青春，是一个人生命力最旺盛的时期。假若这时我们就按照自己的生命感觉在挥洒生命力，那么我们就会找到真自我，就会活出自己的小宇宙。

要做到这一点，我们需要学习，在生命的每一个范畴、生命的每一个选择中试着找到并尊重自己的生命感觉。

一个很有智慧的朋友对我说：人生，就是有几千几万个选择组成，当你最后回顾人生时，发现最对不起的，就是你自己，那你这辈子就太可惜了。

现代舞最重要的创始人玛莎·格雷厄姆说过一段很美的话：

有股活力、生命力、能量由你而实现，从古至今只有一个你，这份表达独一无二。如果你卡住了，它便失去了，再也无法以其他方式存在。

所以，要知道，你是最宝贵的存在！

在我的人生历程中，感谢父母一开始就给了我一种感觉——我可以在各种事情上按照我自己的感觉去做选择。在中国，这是一个很难得的开始。而经过无数的事情，也聆听了数万个人生故事后，我更是深切体验到这一点：每个生命都是一个传奇，每个生命自身

序言 / 爱上独一无二的自己

就是最宝贵的。所谓的生命价值，最终都不过是对这一点的验证而已。

这可以说是至理，但这个世界上，也有很多迷雾。我这本薄薄的书，除了在强调做你自己外，也剖析一些迷雾。其实不仅这本书，我的所有书，所有文章和工作，都希望每个生命能更好地成为自己，而不是成为更好的自己。

因为，你就是生命！

# 心知道答案

忠于你内心做事就会有这样的结果——你经常会展现出远远超乎水平的能力来。

# 你敢不敢成为有钱人

> 如果我们不接受我们"期望"富裕的思想,那么即使富裕砸到我们腿上,我们也会莫名其妙地将它踢开。
>
> ——美国灵性治疗师路易斯·海

以色列女子安娜德给妈妈买了一张床垫,并将妈妈用了很久的旧床垫当垃圾扔掉。孰料,就在这张旧床垫里,藏着妈妈的毕生积蓄——100万美元。工作人员翻遍了垃圾场,但就是没有找到安娜德妈妈一直使用的那张床垫。

安娜德想必非常懊悔,但老太太很看得开,她安慰女儿说,虽然很心疼，但总比被车撞了或得了不治之症要好。

看到这条新闻，我的第一反应是会心一笑：这是安娜德妈妈心想事成的结果，而安娜德只不过是来帮妈妈实现这个藏在潜意识深处的愿望而已。意识上，估计没有多少人会这样想，但潜意识上，不敢成为有钱人的人到处都是。

路易斯·海在她的著作《生命的重建》中写了这样一个故事：

> 一个学生平素工作非常努力，希望能增加自己的财富。一天晚上他特别兴奋，因为他刚刚赢了 500 美元。他一个劲儿地说："我无法相信！我还从来没有赢过！"大家知道这是他意识转变的外在反映，但他却没有意识到。第二个星期他没来上课，因为他摔断了腿。医药费刚好花掉了 500 美元。

对此，路易斯·海的解释是：他害怕走向新的富裕，他其实并不期望变富，所以用这种方法惩罚了自己。

我也是一例。近年来我通过出书、讲座和办课程赚了一些钱，这些商业性活动所赚的钱，我都放在了一张银行卡上。最近某天，我需要将这张卡上的钱转到另一张银行卡上，结果，我取了不少钱后把这张卡忘在 ATM 机上了。

这种事不是第一次发生，以前也有过数次，所幸都没有造成损失。以前，银行卡上的数额较少，就算真损失个万儿八千的，我也不会心疼，但这次数额较大，如果当时有人在那台ATM机上把我卡上的钱转账，那我想不心疼都难。

所以，这次我做了反思，回忆了一下每次忘记取卡都是什么时候。结果发现，每次发生这样的事情，都是收入上有了"意外惊喜"的时候，譬如报社发的奖金超出预期，或是收到我几本书的半年版税时。

再细细体会每次有"意外惊喜"时的感受，都是有些慌张和不适应的，"意外惊喜"越多，这种慌张和不适应就越甚，严重时甚至有发晕的感觉。

假若不是学过心理学，我会认为，是因为"意外惊喜"让自己晕了头，所以才会出现这种偶然的错误。但现在我知道，这是我内心深处不想要这些钱，所以想将它们损失掉。幸好我这种心理还不强，所以最终没造成多大损失。

这种心理远强于我的人很多，他们果真不断遭遇损失，例如我的爸爸。

意识上，谁都喜欢财神，潜意识却未必。

### 聪明的穷爸爸

爸爸的智商非常高，我从小学就一直跟着爸爸做各种小生意，例如卖水果、大米、佐料、菜种、凉席等等。在我们村子，爸爸的经商意识几乎是最强的，他是最早一批卖水果的和最早一批贩大米的。甚至，还在"文革"的时候，他已在偷偷贩卖荞麦了，用一辆自行车驮三四百斤的荞麦从两百里地外的保定贩到我们村。"文革"结束后，他还承包过村里的面粉厂。

然而，我们家一直很穷，从来没因此富裕过，而和爸爸一起做任何生意的人，先后都富了起来，我们家一直是紧巴巴地过日子，最穷的时候，连买火柴的钱都没了。

为什么会这样呢？一个很容易看得到的原因是，爸爸总是遇到坏人。每当他手里的钱多起来了，他就会遇见一次坏人，于是钱不是被偷就是被骗。

印象最深的是我读高二的时候，那时爸爸做贩卖大米的小生意，因为不断努力，家境已略有好转。但有一天，爸爸将 5000 元的大米批发给了一个人，这笔生意只能赚 80 元，而那人还是打白条，说日后给钱。我在外读书，妈妈和姐姐都反对他这样做，尤其是姐姐和爸爸大吵了一顿，但这都没有阻止一向老好人的爸爸做出这个莫名其妙的选择。

很快就证明，那个人是个骗子，而且他的家里一贫如洗，他骗我家 5000 元的大米，也是为了去顶另一笔债务，所以就算后来打官司，法院判我家赢也没有用，因为那个人根本没有能力支付那 5000 元。因为这一事件，以及后来连续数年的追讨无果，爸爸受到了很大打击，一下子老了很多。

后来，爸爸做佐料的小生意，也小攒了一笔钱，他带着这笔钱进货。在路上，他将钱包绑在了自行车最前面的车把上，等到了进货的店铺，才发现钱包已不翼而飞。

还有一次，他进了很多货，需要两辆三轮车才行，他信任出租三轮车的车夫，让车夫先骑着车到一个地方等他。结果，那车夫跑了。

最近一次是两年前，他在家里被算卦的人用障眼法骗走了一笔钱。

总之，爸爸的一生一直在重复一个模式：每当挣了一笔钱，家境有点好转了，他就要出事，把钱损失掉。他这辈子始终是一个智商很高且很努力的穷人。

### 竟与钱过不去

很自然地，作为爸爸的儿子，我多少也继承了爸爸的这种模式，也是经常在有了一笔"意外惊喜"后会闹丢银行卡的事故。

我和爸爸为什么总是和钱过不去，这到底有什么心理奥秘？

去年我第一次反思过这个问题，那是在看《生命的重建》这本书时，发现了我的金钱观大有问题。

这本书中关于"财富"一章列了26种"与钱过不去"的金钱观：

钱是丑恶的和肮脏的。

钱是邪恶的。

金钱不是从树上长出来的。

我很穷，但是我很清白。

我很穷，但是我很好。

有钱人是骗子。

## PART 1 ／ 心知道答案

我不想有钱，不想盛气凌人。

我永远不会找到好工作。

我永远不会挣钱。

花钱比挣钱快。

我总是负债。

穷人永远不会翻身。

我的父母很穷，我也会很穷。

艺术家不得不与金钱抗争。

只有骗子才会有钱。

总是别人先到。

哦，我不能收费太多。

我不应得到。

我不够好，无法挣钱。

不要告诉别人我在银行有多少钱。

永远不要借给别人钱。

节省一分钱就是挣回一分钱。

为"不测风云"而存钱。

压力会产生在任何时刻。

我憎恨别人有钱。

只有努力工作才会有钱。

---

这些观念中，我具备了大多数，而且有些非常严重。

当时只是看了一下这本书，没有打算拿这本书给自己做治疗，也没为缺少钱而苦恼，更没想成为有钱人，所以没有仔细内省这是为什么。因为没有内省，所以有两件事一直让我觉得很荒诞。

一件事情是，我去做讲座遇到一位读者，他认为我写文章和办讲座纯属想帮助人，绝对没有想挣钱的意思。尽管我一再对他说，如果文章稿费低我会很有意见甚至不写，而讲座如果没有钱也很难请动我，但这没有改变他对我的认识。

另外一件事情是，一个很熟的朋友对我也有这种在我看来很天真的看法，着实令我震惊。他常请我给他的机构讲课，而讲课费我认为有点低，只是意识上认为是熟人不好意思开口谈价钱。然而，有一天他说他请的另一个讲师的费用远高于我。这让我有被羞辱的感觉，并将这种感觉告诉了他。

他感到非常惊讶，首先立即提高了我的报酬，接着说，他从未想过我会在乎钱。不仅如此，他认为我颇正义凛然的样子，再加上有时视金钱如粪土的谈吐，令他既不敢和我谈钱的事情，也不知道怎么和我谈深度合作的事情，因他担心这是对我的冒犯。

假若是别人这么说，我可能会认为这是在忽悠，但他这么说，我知道是他内心真实的想法。

开始我觉得实在太荒诞了，后来我明白，这是他人对我投射的东西的认同。简单说来就是，我一直在种种场合散发一种信息——我不喜欢钱。

### 内心创造人生

同样的道理，安娜德的妈妈之所以会损失那100万美元，是因为她潜意识深处不能接受那100万美元，所以深爱她的女儿帮她扔掉了那100万美元。

并且，一个更深刻的道理是，在安娜德的妈妈内心没有改变的情形下，损失这100万美元可能是最好的结果，否则，她可能真的会发生她所说的更可怕的事情——被车撞了或得不治之症。

《生命的重建》中，路易斯·海的那名学生，潜意识深处不想做有钱人，所以挣了500美元后，他要把它损失掉，而且是以惩罚自己的方式损失掉。

那么，我们这一类人，在内心没有发生改变的情况下，如果真有了100万美元甚至更多，真成了有钱人，是不是会有更可怕的事情发生呢？

譬如，那些贫穷了一辈子的人，突然靠中彩票大奖的方式而成为富翁，有许多人有了更悲惨的命运——众叛亲离并且重病缠身。

我现在越来越深信，我们每一个成年人的人生，真的是自己内心所创造的，而你假若没有成为某种人但你意识上又特别想成为这种人，那很重要的一点是，你能不能发现，到底是怎样的一个童年或早期经历所形成的"诅咒"令你没有成为这种人。找到这种诅咒，并破掉它，你就可以真正成为这种人。

## 你的立场是什么

许多人来到我的咨询室，都会说，请你帮我分析，那个谁谁是怎么回事。

这时，我会把话题拉回来，帮助他们看，他们自己是怎么回事。

简而言之，他们关心的是某个人的立场是什么，而我则帮助他们去反思，他们自己的立场是什么。

最简单的时候，我会直接反问，你想要什么。

一个历史故事可以最经典地解释这个道理。

日本战国时代，两个大诸侯羽柴秀吉和德川家康发生了冲突。

羽柴秀吉即丰臣秀吉，他后来派兵入侵朝鲜，因而成为我们中学历史教科书上的知名人物。

德川家康是德川幕府的创始人，德川幕府延续了二百六十多年，一直维系到明治维新时期。

毫无疑问，这是两个超重量级的人物。

当时，羽柴一方的势力远胜于德川一方，总共兵力达十多万，羽柴秀吉调来五六万大军来攻击德川一方。德川一方的总兵力约三万人，但除了镇守各处的兵力外，能调动的兵力只有八千人。

这种势力对比令德川方感到恐惧。一次会上，德川家的重臣纷纷分析羽柴秀吉及其重臣的想法与特点。也就是说，他们的注意力基本上都放到了对手身上。

不知你是否早已发现了这一道理：当你的注意力完全放到别人身上时，你的心势必是慌乱的。因为了解一个人太难了，你很难断定对方在想什么，而你又想根据对方的想法来调整自己的行为，那你当然会觉得找不到立足点。

被讽刺为"超级忍者"的德川家康深知这一道理，所以，他严厉训斥说，你们知不知道一个道理，当你们过度揣测别人的想法时，会不知不觉被影响，而失去自己的立场。

德川家康有自己的立场，他向来都有自己的立场，这也是他在乱世中笑到最后的头号法宝。

这一次，在战场上，他的立场是"不动如山"。任凭羽柴一方怎么挑衅，他的八千人都稳稳地守在一个山头上，绝不出战。

终于，羽柴秀吉失去了耐心，他答应一员大将的请求，派出约一万五千人去偷袭德川家康大本营。

得知消息后，德川家康前后夹击，将这一万五千人基本全歼。

随即，羽柴秀吉又亲率约三万人去攻击德川家康。其间，德川家康有一个机会，可以在攻击羽柴秀吉时占据优势，甚至有可能杀死羽柴秀吉。

但是，德川家康竟然撤军了。

为什么这么做？德川家康的一些武将恼怒地斥责主公是"乌龟"，但德川家康不温不火地说，他有自己的立场。他的立场，即希望羽柴秀吉明白，他德川家康绝不会做羽柴秀吉的属下，但同时，德川家康也不希望与羽柴秀吉为敌。

明知处于绝对劣势，但仍与羽柴秀吉对阵，甚至大败以前从未败绩的羽柴秀吉，是要告诉他，我德川家康不怕你，你要尊重我；明知处于优势，可能会将羽柴秀吉彻底击溃却退兵，是要告诉羽柴秀吉，我也不希望与你为敌。

德川家康的两个目的都实现了，羽柴秀吉立即撤兵。后来，羽柴秀吉又给了德川家康极其特殊的优待，看起来是将其收归帐下，但对他的尊重是其他诸侯所不能比拟的。

羽柴秀吉的梦想是统一日本，但统一日本后，他失去了自己的立场，派兵侵略朝鲜，被明朝派来的援军两次打得大败，最终郁郁而终。

羽柴秀吉死后，德川家康通过巧妙的政治操作，最后成了幕府大将军。

这个道理可以引申到生活中的每一角落。

譬如，如果你想交朋友，了解对方、对别人好是很重要的，但这永远不如你自己重要。假若在一份友谊中,你的光彩无法绽放,那么你势必会发现,对方对你是很难尊重的。

在恋爱中也一样。

在任何一个关系中,假若维持一个关系的代价是令你自己的光彩暗淡下来,那么一定是你的做法出了问题,而且最常见的原因,很可能就是你如同德川家康的重臣们一样,在过度揣测别人想法的时候失去了你自己的立场。

## 尊重你自己的感受

如果你有了一个立场，你可以检视一下，这个立场发自你身体的哪一部位。

表面上，似乎我们所有的言语都来自于头脑。

但是，如果你仔细体会的话，你会发现，不同的言语似乎发自身体的不同部位。

我发现，当我对一个人有鄙视、讨厌等情绪时，这些声音似乎完全来自于头部，而且主要集中在面部，尤其是鼻子的部位，有时会因而发出"哼"的鼻音来。

当我喜欢一个人时，尤其是当我有爱意升起时，我发现，这些声音都是来自心口。当爱意最盛时，整个胸腔似乎都被填满了。同样，当爱意被刺伤时，那些伤痛也集中在胸部。

PART 1 ／ 心知道答案

我还发现，充盈的力量感、包容与平静感发生时，它们似乎来自我的小腹部位置。

概括而言，头部的感受常常和对别人的不好评价联系在一起，胸口的感受是关于爱与非爱的，而小腹部的感受则和力量有关。

由此可以说，一个声音越是发自身体深处，这个声音就越是有力量。

就像一个不倒翁那样的玩偶，如果重心在其头部，一推就倒；如果重心在胸口，那会稍费点力气，但也不难推到。但是，假若重心在底部，那么就算你把不倒翁推倒了，它还会站起来。

你能不能很好地守住你的一个立场，关键在于，这个立场是不是来自你身体的深处。

身体是心灵的镜子，因而也可以说，这个立场是不是来自你心灵深处。

如果你仔细聆听，就会发现，头部的那些声音，其实常常是别人给的，而且多是父母给的。从小到大，他们给了你很多规条，这些规条被你内化在心中，最后你以为，这些规条是你发出的，但其实，它们并不是来自你自己，而是来自父母等抚养者。

天下没有不爱孩子的父母，父母给我们这些规条，势必是为了我们好，我们为什么不可以接受它们呢？

用这篇文章的道理来看，最简单的回答是，这些规条会令你站不稳，这时你的重心太高了。

实际上，最有智慧的父母不会给孩子什么规条，他们知道，不能让孩子的心智淹没在他们所发出的指令中，他们要帮助孩子

15

找到自己的内心，当孩子学会听从于自己的内心时，孩子才最容易在这个世界上立于不败之地。

最经典的例子是股神巴菲特。

巴菲特每年都会举办一次慈善午宴，竞拍到参加资格的人，可以获得与巴菲特一同进餐的机会，由此可以聆听巴菲特的教诲。

应该是2006年，美国一个富翁以60多万美元的价格竞拍到这一资格。他从巴菲特那里获得了什么教诲呢？

在接受美国记者采访时，这个富翁说，巴菲特一再向他强调，他生命中的最重要的教诲来自父亲。

这个教诲是，尊重你自己的感受。

假如你是一棵树，别人对你的态度就是一阵又一阵的风，如果你很在意别人的意见，那意味着，随便一股风，都能将你剧烈摇动，甚至将你吹倒。

作为一棵树，你能否矗立在大地上，根本取决于，你有多少根系深入大地。

生活就是大地，你在生活中的每一个细密的感受就是一条或粗或细的根，你的感受越是丰富充沛，你的根系就越是深入大地中。那样一来，就算是很强烈的风也不能颠覆你的立场。

印度哲人克里希那穆提说，感受就是你与事物建立关系那一刹那的产物。

因而，可以说，你的感受就是你与某一事物的连接。

这个连接是最可靠的。

## PART 1　心知道答案

巴菲特之所以成为股神，是因为他凭自己的感觉在与股市打交道，而不是凭借其他人的规条。股市中经常会刮起超级飓风，但不管多么强的飓风，都不曾动摇巴菲特的立场，自从进入股市，他从来都是靠自己的感觉来决定如何投资的。

当你感觉到有强风在撼动你的立场时，你可以试试去寻求自己的感受。

这时，有一个最简单的办法可以帮助你：

你稳稳地站在地上，感受双脚踩在地上的感觉，你可以前后左右摆动一下你的身体，但你的双脚矗立不动，感受身体摇动而双脚矗立不动的感觉，再将一只手放到你的小腹部，然后问问你自己——我更深的感受是什么？

17

## 谁摇动了我们的立场

如果你与巴菲特一样幸运，你的父母一开始就对你说，尊重你的感受。

那么，可以预测，你将与巴菲特一样成功。就算你不能拥有他那样的财富，也会在某一领域拥有第一流的才能。

但是，不幸的是，对于绝大多数人而言，最初摇动我们的立场的，恰恰是我们生命中最重要的人，如父母。

一棵小树如果不断地被拔出大地，那么它的根系不可能强大。

同样地，我们长大后之所以不能很好地守住自己的立场，甚至都很难发现自己的立场是什么，往往是因为，作为一棵小树时，常常被拔出大地。

简单说就是，我们与事物的直接联系常常被切断，被谁切断

PART·1 / 心知道答案

的呢？我们生命中最重要的人。

美国女心理学家帕萃丝·埃文斯有一部著作《不要用爱控制我》，这是一部了不起的书，用很多很琐细的小事情，道出了生命中最常见的苦痛——父母、配偶等最亲密的人用爱的名义控制了我们。

书中一个小故事：

> 一个妈妈带女儿去冰淇淋店，妈妈问女儿：你想吃什么冰淇淋？
> 女儿说：香草冰淇淋。
> 妈妈说：巧克力冰淇淋更好吃。
> 女儿说：我想吃香草冰淇淋。
> 妈妈说：你不是爱吃巧克力冰淇淋吗？
> 女儿说：我就要吃香草冰淇淋。
> 妈妈说：真怪！这孩子真怪！
> 最后，妈妈还是为女儿买了香草冰淇淋。

在这个小故事中，妈妈不断试图动摇女儿的立场，想将自己的声音——你爱吃巧克力冰淇淋——塞到女儿的头脑中。还好，这个小女孩一次次守住了自己的立场，她一直坚守着自己的感觉——

19

我就是爱吃香草冰淇淋。

这是帕萃丝·埃文斯亲眼见到的案例,她说,这个小女孩之所以能守住自己的立场,那肯定是因为她有一个重要亲人教过她——尊重你自己的感觉。

其实,只要生命中有一个重要的人不断告诉我们,最重要的是尊重你自己的感觉,那我们就能比较好地做到这一点,因为这是生命的根本诉求。

但是,在我们的文化中,很可能,你长这么大都从未有重要的人对你讲过这一点,甚至,你的所有重要人物都可能会对你说,乖,做个好孩子,多听大人的话,在家听父母的,在学校听老师的……

尊重自己的感觉,不是只在大事上如此,相反,这是在无数的小事中练习出来的。

失去自己的立场,也不光是在大事上才如此,相反,也是在无数的小事中形成的。

类似冰淇淋的故事我也亲眼见过很多,讲一个类似的。一次,我在广州天河城旁边的一家真功夫餐厅吃饭,旁边是一个男孩和他父亲,他们点了很多饭。

一会儿,男孩吃饱了,很开心地对爸爸说:"爸,我吃饱了!"

爸爸粗鲁地反驳说:"饱个屁!再加一碗。"说着将另外一碗饭推到了儿子面前。

吃饱了感觉会很好,但吃撑了感觉就会很不好。我一个导演

PART 1 ／ 心知道答案

朋友，回忆童年时印象最深的一件事是，他总是满院子跑，后面老奶奶端着一碗饭追。

干吗跑，干吗又要追呢？我请这位导演朋友回忆细节，最后他说，每次吃饭时，他吃饱了对奶奶说，奶奶，我吃饱了！

奶奶会说：小孩子多吃点，对身体有好处。

他多吃了一点后又说，奶奶我吃饱了。

奶奶会说：男孩子多吃点，有力气。

他再多吃了一点后再说，奶奶我吃饱了。

奶奶会说：多吃点，小孩子胖一点很好看。

……

最后，他会被撑得厉害，而他之所以满院子跑，就是为了逃避吃饱了被撑着的感觉，而老奶奶满院子追，就是为了将自己的规条——多吃点——硬加到孙子的头上。

类似这样的事情相信每个人都多少会有体会，毕竟即便像巴菲特，也只是爸爸教导他尊重自己的感受，而妈妈也是会将自己的想法强加到他头上。比方说你有没有经历过下面的事情：

冬天来了，你出门，妈妈说，加件衣服。你说，我不冷。妈妈说，我都冷你怎么会不冷。

小孩子的时候，你蹒跚学步，突然摔倒了，膝盖摔破了，流出血来，你哇哇大哭，妈妈过来抱起你说，乖，不疼不疼，乖，不哭。

……

21

每一次这样一件小事，都是在摇动你的立场，而假若你身边所有重要的人物都这样对待你，那么你作为一棵小树时就会不断地被从土地中拔出来，你的根系也就一直得不到充分的发育，因为没有大地的哺育。

但你可以从现在开始，在每一件琐细的小事中发现并尊重你自己的感觉。

## 第一流的才能都源自内心

如果父母频频摇动孩子的立场，否定孩子在很多事物上的感受，这会直接导致一个结果：

这个孩子头脑会变成一个"椰子壳"。

椰子壳，是我一个学员的形容。她说，她发现自己的脑袋就像是一个椰子壳，里面塞满了字条，每一张字条上都是父母给她发过的一些指令。每当遇到事情时，她很少会先去寻找自己的感觉，而是先去头脑里调动这些字条。

有时，她可以很快找到一张相应的字条，那么她会比较快地做出反应。

有时，她迟迟找不到一张合适的字条，那么她就会显得笨笨的，给不出什么反应来。

怎么知道你的头脑是你自己的，还是一个椰子壳呢？很简单，你的头脑是不是很容易有胀胀的感觉，甚至经常会头晕头痛，头脑里似乎塞满了东西，但又好像空空如也，什么都没有似的。

怎么辨别一个声音是不是父母或别人塞来的字条？有一个小办法。

譬如，你常常对自己说"我一定要考第一"。

这是以第一人称"我"开始的句子，你可以把它转换成第二人称"你一定要考第一"。

然后问问自己，谁经常跟你讲这个句子？

如果没有，这就是你自己的。但你可能会发现，父母经常跟你这样讲，那么这就是父母塞给你的一张纸条。

怎么挣脱这些字条的束缚，找回自己的感受呢？

你首先要有一个信念——第一流的才能源自你内心涌出的感受，而不是别处。

如果你是 NBA 的球迷，你肯定常听科比、詹姆斯与韦德等人讲：今天我的手感很好，今天我没有手感……总之，他们将有没有手感与今天表现如何联系到了一起，要有超级表现，就必须得有超级好的手感。

如果你喜欢绘画，你肯定也听画家们说过美感。

如果你喜欢音乐，你肯定也知道，乐感对于音乐家来说是第一重要的。

……

实际上，任何一种才能，真正的核心都是感觉，而不是抽象的智力。

甚至如爱因斯坦，他发现相对论也不是通过抽象思维实现的。相反，他是用图画进行推理的。

我是码字的，对我而言，文字也是有节奏的，而能不能写好一篇文章，第一重要的就是有没有感觉。感觉充沛时，文字像泉水一样从心中涌出，似乎没有做任何努力，但这时的文字又是最好的。

如果你喜欢一个事物，想在这一喜好上达到一种境地，那么你要试着在这一事物上练习你的感觉。

比如钢琴，在电影《返老还童》中，一位女钢琴家对布拉德·皮特扮演的男主人公说，你不是要将钢琴弹得多么漂亮，而是要弹出你的感觉。

如果你很少这样做，那么在做一件事时你可能一开始会很难找到多少感觉，更不用说充沛的感觉了，但你可以逐步去练习。

美国催眠治疗大师米尔顿·艾瑞克森非常擅于开发求助者的感受能力。他对一个设计师说，请你出去，直到你发现堪称奇迹的事物，你才能进来，我才给你做治疗。

艾瑞克森是神一般的人物，他收费低廉，而效果常常像是神迹，所以，这位设计师乖乖听命，出去了。

约一个小时后，这位设计师兴奋地跑进艾瑞克森的治疗室，对他说，我有一个奇迹般的发现，原来每一片小草叶子的绿色都是不同的。他采摘了很多片小草的叶子,将它们按照绿色的等级一一排在艾瑞克森的眼前。

我一个老师也有类似的故事。一次,他带着一队人去旅游,一个人滔滔不绝地在他耳边讲话,他突然停下来,对这个讲话的人说,听,你能听到,这个森林里有多少种声音?

这个人停了下来,去听,心一下子静下来,他听到了许多许多种大自然的声音。那一刻,他眼泪掉了下来,他觉得好像是平生第一次,在森林中听到森林的声音。

我也有一个类似的故事。一次,我去漂流,和一个女孩在一条船上。其他船上的人都在玩同样的游戏,彼此泼水、奋力划船超越对方,或唱歌等。我想做点不一样的,就那个女孩说,我们闭上眼睛吧,看看船会将我们带到哪里。

从那时起一直到目的地,我们俩一直闭着眼睛,结果感受到了一个完全不同的世界。

说句题外话:当我们睁开眼睛时,我感觉,那个女孩都有些爱上我了。因为感受到了一个完全不同的世界,好像我也变得完全不同了。

希望这几个小故事对你有些启发。

# 你为什么太在乎别人评价

读本科时，和一个后来的红颜知己有这样的对话：

她问我：你难道不是通过别人的评价来认识你自己吗？

我反问：我知道我是谁啊，干吗要通过别人的评价来认识自己？

于是，我们俩都像看外星人一样看着彼此。她第一次发现，原来还有我这种很少把别人评价放在心上的人，我也第一次发现，原来还有她这种通过别人的评价来认识自己的人。

后来，我逐渐明白，像我这样的人真是有点像外星人，而像她那样的人在咱们文化中占了大多数。

在《不要用爱控制我》一书中，帕萃丝·埃文斯说，爱控制别人的人有一种奇特的逻辑——我知道你是谁，而你不知道你是谁。

那位强迫孩子继续吃饭的父亲，他认为他知道孩子该吃多少，而孩子自己不知道应该吃多少。

我那位导演朋友的奶奶,也一样是认为她知道孙子该吃多少,而孙子自己不知道自己该吃多少。

正是长久生活在这种环境下,而没有像巴菲特父亲那样的人叮嘱你"尊重你自己的感觉",你才会形成我那位红颜知己的逻辑——"我不知道我是谁,所以我要通过别人对我的评价来认识自己"。

如果你也有这样的逻辑,我可以断定,在你小时候,在你家中,一定有很多亲人持有这样的看法——他们知道你这个孩子是怎样的,而你不知道。

持有这样的看法关键是为了引出后面的一个结论——所以你要听我们的。

所幸,我在家中没有人对我灌输这样的观念,相反,我父母从来不会干涉我的判断,他们非常尊重我的感受。印象很深的一件事是,我小时候有一段时间只爱吃面而不爱吃菜,尤其是饺子,北方的饺子一般都是馅多皮薄,但我那几年特别不爱吃饺子,结果,我父母从未强求我吃饺子,尤其是过年的时候,我父母和哥哥姐姐吃饺子,会另外专门给我做一份面片。

还记得小时候看蚂蚁搬家,不知道怎么就来了兴致,蹲在地上连续看了三天,除了吃饭睡觉就是看蚂蚁搬家。父母完全没有管我做这种怪事,绝对不会对我说,你怎么这么怪呢,人家别的孩子才不会做你这种傻事。或者说,看什么看,有什么好看的,去做点正经事!

因为这样的童年经历，我的感觉没有被破坏，所以我做什么事情都有清晰的立场，而这些清晰的立场，都建立在我自己对事物的感受之上。也因此，我是自动地不把别人对我的评价当回事，倒不是为了显摆自己的个性。

我想，正是因为我这种个性，基本上是干一行爱一行，随便做什么事情很容易就上瘾。因为，当自己与某一事物的关系没有受到别人的妨碍时，那种全身心投入做事情的感觉实在太好了，这种专注本身就是一种巨大的奖励。

因而，我读书时除了英语每一科都蛮喜欢的，而每一科都考过最高分，乃至文理分科时我很痛苦，我不希望分科，而希望所有科目一起学。

在我收到的两万多封读者来信中，估计有约三分之一是中学生写来的，他们很多人都谈到了自己的一个特点：喜欢一个老师时，这门课成绩就很好，不喜欢一个老师时，这门课成绩就差很多。

之所以如此，是因为他们的自我价值感不是发自内心，而是来自老师对他们的评价。当老师喜欢他们时，他们的自我价值感很高，这带动了他们的成绩提高；当老师不喜欢他们时，他们的自我价值感变低，这导致了他们成绩下降。

这种情况在我身上从未出现过，我可以很喜欢一个老师，但那门课的成绩就是不行，譬如英语；我也可以非常讨厌一个老师，但那门课的成绩就是很好，譬如小学时有 3 年时间我非常不喜欢一个数学老师，但我的数学成绩一直很好。

之所以如此，是因为我的自我价值感是发自内心的，我热爱一件事，投入地去做这件事，这会给我带来巨大的快乐，这份快乐本身会驱动我继续投入到这件事中，别人的评价基本影响不了我做一件事的热情。

看起来，我具有一个优点——有很好的心理素质，但其实，这个心理素质是父母给我的。尽管我在农村的父母不会像巴菲特的父亲那样告诉巴菲特——尊重你自己的感觉，但他们用行动做到了这一点。他们很少影响、评判更不用说否定我的感觉，这让我的心生出了茂盛而庞大的根系，可以在任何我喜欢的事上紧紧地抓住大地。

本来，这是很自然的。只要父母不过多干涉孩子，那么孩子就会自动成长为非常有感觉的人。但是，现实情况下，有这样的父母成了一份难得的幸运。

从小到大，我是既没挨过父母的打，也没挨过父母的骂，仅仅有一次，父亲在做农活时对我说了一句重话，我还哭着回去找母亲告了状。本来，我觉得这很平常，但从1992年开始学心理学到现在20多年时间，我最终发现，这样的经历实在是一份巨大的馈赠。

将这篇文章概括为一句话，我想说：假若你很在乎别人对你的看法，那么这并不是天然的，而是在你成长的历程中形成的，去检视一下你的成长历程，这会帮助你从对别人的评价中解脱出来，投入地去做你喜欢的事。

## 你最丰盛的资源在你心中

刘德华特别注重保护自己的隐私，因为他有很大的压力。一次，在接受采访时，他说，他对另一半有很大的要求，原因是有华人的地方就有他的粉丝，他的另一半必须注意不能辜负他遍布全球的粉丝们。

这样活着真的很累。也正是因为这种压力，刘德华一直隐瞒自己恋爱乃至结婚的消息。

与此相反，日本动画片导演宫崎骏在接受美国记者采访时却说：我从来不考虑我的观众。

宫崎骏是非常有影响力的动画片导演，他的电影《千与千寻》获得了奥斯卡大奖，他的粉丝群也非常庞大。

美国记者的问题是，你有数量如此庞大的观众，你在制作电影时如何考虑他们的需要？

宫崎骏给出了那个令人惊讶的回答。

记者再问，你从来不考虑你的观众，那你如何制作电影呢？

宫崎骏说，我会去我的内心寻找灵感，我的潜意识之井是我一切灵感的无穷无尽的源泉。

譬如，《千与千寻》中的河神出场的一幕，即宫崎骏从自己内心找到的灵感。他回忆起自己童年时，家乡的一条河流清淤，本来那条河够干净了，他还纳闷干吗要清淤，但等水抽干，河床展露出来后，他惊讶地发现，河床里什么东西都有，尤其是一辆自行车让他印象深刻。

通常来讲，无比打动你的事物，如果你能将这种被打动的感觉表达出来，那势必也会打动别人。所以，当宫崎骏在《千与千寻》中淋漓尽致地演绎了河神那一幕后，这一幕也在无数人心中刻下了深深的印记。

我们做事情时，很容易去想，我可以去哪里寻找资源，但我们却忘了，自己的内心是具有最多资源的。

作为一名心理医生，我常常用半催眠的办法帮助来访者寻找资源，这个办法特别简单，你自己一个人时也可以尝试。

第一步，端正你的姿势，站着、坐着、躺着都可以，但要端正一些，最容易入手的姿势是坐着。

第二步，闭上你的眼睛，做几个深呼吸。很自然的深呼吸，不必用力，只是将你呼气和吸气的节奏变得长一些即可，并感受气息在你的身体内流动。

第三步，花一点时间，感受你的身体。如果时间充裕，你可以很细密地感受你身体的每一部位。如果时间较短，你感受几个部位即可。我通常建议先感受双脚，感受双脚踩在地上的感觉，再感受大腿、臀部、腰部与背部等部位坐在椅子上的感觉，再感受一下小腹部、肚子、胸口……

这个练习有两个重要作用。第一，感觉总是和身体联系在一起，好好去感受身体，将注意力从头脑上转移，会帮助你有更好的感受能力，可以更好地去做巴菲特的爸爸对巴菲特的叮嘱——"尊重你自己的感觉"。

第二，这会让你得到很好的放松。很有意思的是，除非你是放松的，否则你很难有很好的创造力，你也很难有全神贯注的专注力。

第四步，向自己的身体，向自己的内心提出一个请求：我希望在某一方面获得资源，请帮助我。

然后，静静等待即可，一些资源会自然涌出。这些资源可能会像宫崎骏创造《千与千寻》那样，是源自童年的回忆，也可能会与某一些帮助过你的人有关，也可能是你在大自然中玩耍的感觉，也可能是专属于你的一种特别体验，甚至是完全出乎你意料的资源。

作为一名心理专栏作家，我出了不少书，都算是畅销书，而《为何家会伤人》一书从2007年出版，至今已重印10多次。同时，我的博客（blog.sina.com.cn/wuzii）也算是国内人气最高的心理学博客之一。可以说，我也有蛮多忠实读者。

因而，也常有人问我，在写文章时，你怎么考虑你的读者。

这时，我会套用宫崎骏的话说：在写文章时，我从来不考虑我的读者。

不过，有时我会检视我自己，发现我并不能特别彻底地做到这一点，我想这也是我与宫崎骏这样的天才的差异所在。

但我的确主要考虑的是我的感受，主导我怎样写文章的，是怎样写让我觉得舒服，而不是技巧，更不是去揣摩读者的需要。

在2008年春夏之交，不知为什么，突然间我心中的感受无比充沛，写了几篇至今都令我觉得很满意的文章。那几篇文章，在写的时候是一气呵成的，写完后再看，觉得一个字都不必改，而且还非常惊讶，这难道是我写的吗？我能写这么好的文字吗？

忠于你内心做事就会有这样的结果——你经常会展现出远远超乎水平的能力来。

## 充沛的感觉如何产生

凭感觉写文章，感觉是那么好。

那么，是不是我在那里等待就可以了，等待我心中有感觉自动涌出。

这个办法或许可以，但以我的经验看，普通人很难做到，只有极少数的圣人才可以做到，譬如老子，譬如禅修功夫极强的和尚们。

对我们普通人而言，找到感觉其实是一项极为艰巨的工作，必须做充分的准备工作，充沛的感觉才会自然涌出。

《千与千寻》是一部杰作，而这部杰作，宫崎骏是如何凭感觉完成的呢？

宫崎骏说，他是先凭着感觉画了一百多万幅画后，才突然有了一种感觉：这个故事圆满了。有了这种感觉的那一刹那，整个故事的结构框架自然形成了，而后宫崎骏只需按照这个感觉剪辑即可。

我想，正是因为宫崎骏的这一感觉，《千与千寻》才给了我一种感觉：整部片子看起来很流畅，节奏拿捏得恰到好处，同时又完全没有故意为之的感觉。

据说，美国大片与电视剧的创作都有一个模式，几分钟一个高潮，几分钟一个性感画面，等等。这种模式，是从观众的角度出发，用心揣测观众的需要是什么，然后按照观众的心理特点去编剧。

也正是因为这一原因，美国大片与电视剧常常是精彩的。

当然，按照美国大片与电视剧的创作方式，也可以获得成功。也如你的人生，如果你将注意力放到对别人心思的揣测上，然后就此加以利用，那么你也可能会获得成功。

但至少，你可以知道，还有像宫崎骏这样的另一条路。

我自己写文章时，那些我满意的作品，清一色都是因为使用了宫崎骏这样的路线。

譬如，我在分析芙蓉姐姐时，整整花了20个小时的时间，去网上看所有关于芙蓉姐姐的资料，最后，突然间有一个声音从我心中跳出来说：够了！

那一刻，关于芙蓉姐姐的故事的整个框架自然在我脑海中呈现出来了，并且还有一个画面在我脑海中形成：一个小女孩在爬墙，墙有点高，而她爬墙的本领不高，她摔了下来，她的自尊心受伤了。她对着墙说，你有什么了不起，我才看不上你，我要爬更高的墙。她真的去爬更高的墙，但是，她没有锻炼自己爬墙的本领，她的本领还和以前一样，甚至她为了表达对墙的蔑视，根本不锻炼，到了最后一刻直接去爬墙，结果不会有奇迹出现，她又摔了下来。她的自尊心受到了更大伤害，她对着这面更高的墙大喊，我才看不起你，我要爬更高的……

这个画面涵盖了芙蓉姐姐心理的核心，她本来一门心思考北京大学，但三次努力都失败，最后一次失败后，她从一个从来不打扮的女孩变成了一个打扮得性感到怪异的女孩，而她的目标也变了，她要考北大的研究生，考北大的研究生两次失败后，她改考清华大学研究生，并且，三次研究生考试的专业都不一样……

通常，我们会认为，我们用自己的头脑去思考、去分析一个事物，就可以认识到这个事物的道理。但其实，事物的道理，是我们将自己投入其中时领悟出来的。

用很哲学的话来讲，是当一个事物的本质与我的本质建立连接时，这个事物的本质自然会出来。

换一句话说，如果你想在某一领域有所成就，最重要的是，你能投入到这一领域中。

关于这一点宫崎骏也有精彩的论述，他对美国记者说，他不是导演，故事本身才是导演，故事"有一个内部的秩序，就是故事本身的需要，它可以把我带向结局……不是我制作了影片，而是影片自己完成的，我没有选择，必须服从"。

这看上去是一个很深刻的道理，但我想，只要你有任何一次全神贯注地投入到一件事的体验，你都可以体验到这一道理。

当然，这一道理也可以用更平实的方式来表达。

美国人彼得·林奇被誉为"股圣"，在股市，他的影响力仅次于巴菲特。实际上，在同等时间内，彼得·林奇创造的效益更胜于巴菲特。他是如何做到这一点的呢？

他的办法看起来很土，就是对他感兴趣的公司进行充分的调查，然后根据充分的调查来断定是否购买这一公司的股票。

很多人也会这样做，但是，他们中很少有人能达到彼得·林奇的境界，这一境界的核心是信任自己。彼得·林奇有过一句很牛的话：

> 就算美联储主席偷偷告诉我未来两年的货币政策，我也不会改变我的任何一个作为。

美联储主席掌握着无数的内幕信息，而且他在相当程度上可以决定投资市场的短期甚至长期走向。可以说，在股市上，他的货币政策就是超级飓风，但是就算这样的超级飓风都不能撼动彼得·林奇的立场。这一如德川家康，就算拿八千人对阵羽柴秀吉的五六万人他也不慌，就算有一个机会可以杀死羽柴秀吉他也不心动。

咱们老祖宗有一句古话赞誉这样的人说：泰山崩于前而色不变。如果你想多少活出一点这样的感觉，关键就是要信任自己。

## 生命的意义在于选择

活着，为了什么？

生命，是什么？

在读书时，我一遍又一遍地问自己这个问题，而在大学时，我记得自己一次又一次和朋友们讨论这个问题。

我想，就算你对哲学再不感兴趣，这两个问题只怕你都想过。

对此，我很喜欢存在主义哲学的答案，存在主义哲学家们会说：

存在是为了自由，而自由源自选择。

简单来说，在他们看来，活着是为了追求自由。怎样才能活出自由感呢，答案是，你要为自己的人生做选择。

用我自己的话来说，生命的意义就在于选择，只有不断为自己的人生做选择，这个人才算活过。

相反，假若自己的人生总是被别人选择，那么这个人可以说是白活了。

这不是枯燥的说教，而是很简单的事实。

譬如，一个上大四的男孩对母亲说，活着真没劲，我想自杀。

他的自杀冲动不难理解，因为他的精神生命已被母亲杀死大半了。从幼儿园开始，这位母亲就一直在替孩子做各种各样的选择，孩子则只有一个任务：好好学习。

现在，这个男孩即将大学毕业了，母亲还在不停地替他做各种选择：大一时为他想谈恋爱担心，大四了为他还不谈恋爱担心；因为担心他没有朋友，这位母亲设计各种节目，逼儿子去交际；因为担心儿子不开心，这位母亲想出各种活动让儿子参加……

她的动机看起来是好的，但她什么都替孩子做选择，是在杀死孩子的精神生命。

这是实实在在的杀死，而不是运用了比喻的手法。所以，她儿子才产生了强烈的自杀冲动。他一次次对母亲说，我想自杀。他的意思很简单，就是在对母亲说，请不要再替我做选择，你这样做是在要我的命。

在替别人做选择时，我们常运用一个借口：我担心他做了错误的选择。

但是，即便是错误的选择，那也意味着自己曾经活过，而没有选择，则意味着自己根本没有活过。

我们其实都深深地懂得这一点，所以，我们普遍都很讨厌——

我说的是情感上，而不是理性上——别人替自己做选择，无论那选择看上去多么正确，因为，这是在杀死我们的精神生命。

如果你已经开始拥有一片自由天地，你开始可以支配你的时间、支配一定数额的金钱，也开始有一个比较宽广的精神空间，那么好好利用这一点，生命总有一个规律——那些越早开始为自己的人生做选择的人，越早拥有强悍的生命力。

请切记一点，哺育你的精神生命的，不是别的东西，而是你的感觉。你体验的感觉越是丰沛，你的生命力就越是强悍。

彼得·林奇能说如此强悍的话——"就算美联储主席偷偷告诉我未来两年的货币政策，我也不会改变我的任何一个作为"，势必是因为他信任自己的感觉。看起来，重要的是他做了充分的调查工作，但在面对每一个琐细的工作时，他都会面临一个选择：信任自己的感觉，还是请求别人的意见。

同样的道理，你在做每一件小事时，都面临着一个选择：信任自己，还是听从别人，甚至依赖别人。

我的一个朋友，他和别人一起吃饭时，常说"乘以2"。意思是，你点了什么我就点什么。

他这一特点让很多人厌烦，有时我听到他这么说会感觉到有一股无名火从心中升起。

一开始，我们总是被迫听从于别人，但后来，这会成为我们的习性，让自己主动去依赖别人。

看看你有没有这样的习性，如果有，试一试，就从小事开始，按照你的感觉来做选择。

# 从现在开始，你自己来

中国家长们常说，不要让孩子输在起跑线上。

依照这种哲学，每个孩子最好一直像一只聪明的兔子一样，永远都在拼命奔跑，永远不要偷懒，永远不要失败。

可是，生命是一个整体。

假若奔跑的过程中，我们像兔子一样，既不能注意到蓝天，又不能注意到脚下的绿草地，也闻不到花香，更没有玩耍的时刻……那么，这样的奔跑是没有任何意义的。

或者说，这样的奔跑是没有存在感的。

存在感，是建立在当你在做一件事的时候，你与这件事是否建立起了连接。

想象一棵树，如果只有一条主根，没有任何侧根，它就算扎根到了 50 米深的地方，也仍然是没有什么力量的，一阵剧烈的风就可能把它拔起。

并且，更重要的是，因为这是一条光秃秃的树根，没有很多侧根可以很好地吸收大地的营养，那么地面上的树也很难长成参天大树。

这也正是我们当前教育的一个整体状况。据统计，尽管现在营养更好，但现在的中学生的身体却变差了。另据我的了解，现在中学生的心理问题也越来越严重，最直接的一个表现是，中学生和大学生的自杀率越来越高。

因为，我们的教育总是鼓励孩子只有一条树根就可以了。衡量一个孩子优秀与否，好成绩是唯一的标准，而最终衡量标准则是高考。

比如有些学生，依照这条树根来评判，似乎不可能被列入优秀级别。

但是，假若看明白了中国教育的问题所在，或许你们真的可以庆幸，你们没有继续将自己逼向一根光秃秃的树根这条惨淡的道路上。

美国催眠大师米尔顿·艾瑞克森是一个奇迹般的人，他先天色盲、音盲，且有阅读障碍，17 岁时又得了小儿麻痹症乃至全身瘫痪，但他通过自我催眠神奇地站了起来，并因为小儿麻痹症而更深入地领会了催眠的精髓。就好像是，生命每给他关上一扇门，他总能打开另一扇更神奇的门。

他最得意的弟子斯蒂芬·吉利根是我的一位老师。吉利根经常给我们讲艾瑞克森的很多故事。

一个故事是，艾瑞克森老了后身体还是不行了，他的行动离不开轮椅。尤其是，每次上厕所，他都得找一个人帮忙推轮椅。

吉利根成为艾瑞克森的弟子后，开始焦虑，如果艾瑞克森老师让他帮推轮椅怎么办，要知道，艾瑞克森在他心目中是神一般的人物，到了厕所后，他是不是要看着这个神小便，甚至还得帮他小便……

吉利根最担心的事还是发生了，一次，艾瑞克森要吉利根帮忙推轮椅到厕所去。随着厕所门越来越近，吉利根的心越来越慌。

到了厕所门口，艾瑞克森好像洞悉了他心爱弟子的秘密，他说："从这里开始，我自己来。"

吉利根每次讲完这个故事，会加一句，对我们说：就从这里开始，做你想做的。

再用回树根的比喻。是的，你们已不在高考这条独木桥上，你们的根似乎不能再朝这个方向前行了，但是，从现在开始，这意味着你们有了更多选择，你们可以让自己的根系朝着另一个方向扎得更深。即便在中国，我们也不是永远只有一条路可走。

更重要的是，丰富你的根系，可以在半催眠状态下问问你自己：我，最想要的是什么？

在上吉利根老师的催眠课时，我们做过这样的练习，一个做被催眠者，一个做催眠师。催眠师帮助被催眠者进入放松状态后，被催眠者开始用很慢很慢的语速，好像每一个字都发自肺腑深处，说，我……最……想……要……的……是……

那时，你会听到你的内心深处有很多渴望，至于学习成绩，这件事实在是太单调了，至少在我给几十个人做这个催眠练习时，没听到一个人说过：我最想要的是考一所好大学。

考上一所好大学才叫优秀的孩子，这是这个社会在给我们做的催眠，我们可以从这个催眠中苏醒过来，不再从别人那里去看自己的需要，而是去自己内心，看看自己最想要的是什么，然后将这一切在自己生命中活出来。

或许你会发现，你对某一些方面——譬如电脑——很好奇，那么，去发展这一根系；

或许你会发现，你对人性特别好奇，那么，去发展这一根系；

或许你会发现，你对一门技术很好奇，那么，去发展这一根系；

或许你会发现，你很想周游世界，那么，去发展这一根系；

或许你会发现，你对异性很感兴趣，那么，去发展这一根系；

或许你会发现，你对了解自己很感兴趣，那么，去发展这一根系；

……

或许最后你发现，你的兴趣是很广泛的，那很好，去发展这一切根系，那样一来，你的生命就真的如同一棵健康的树，有很多根系深入大地，而且每一根系都有很多细密的小树根，在帮助你从大地里汲取营养。

高考独木桥不是生命，这才是生命，你可以从现在开始，而且是你自己来为自己的人生做选择。

## 对控制者说不，找到自己的节奏

不管全世界所有人怎么说，我都认为自己的感受才是正确的。无论别人怎么看，我绝不打乱自己的节奏。喜欢的事情自然可以坚持，不喜欢的怎么也长久不了。

日本小说家村上春树如是说。

看到他这段话时，我很有感触，写了一篇微博：

> 如果太考虑别人，一个人就会失去自己的节奏。但身体总是要做一些努力，去找回自己失去的韵律与节奏。很多拖延症中，藏着这一渴求。
> 
> 但无数人失去了自己的节奏，原因是，身边有一个

> 控制者，控制者将他的意志强加给你，处处干涉你，入侵你，而你的节奏一再被打乱。

几个来访者都对我说过一句类似的话：人生最大的噩梦是，你身边有一个人，无论你做什么，她(他)都要纠正一下。并且，要你必须按照她(他)的来，否则不罢休，一件小事的纠缠，都能发展到要你死或她(他)自己去死的地步。

之所以使用她(他)的说法，是因为控制者常见于母亲或妻子。

当然父亲也有，而且不在少数。一个经典的例子是，我的一个朋友，他回家，喝了口水后把水杯放到桌子的一侧，结果他父亲冲过来说，你怎么能把水杯放到这儿，你应该把水杯放到那儿！然后父亲将水杯放到了桌子另一侧。我这个朋友有感觉，如果他一开始就将水杯放到了桌子另一侧，即父亲放杯子的地方，那父亲还会说同样的话，并将杯子放到他一开始放的那一侧。

这样的事，在他生命中发生过无数次，他深切地知道，关键不是怎么做合理，而是，凡是他做什么父亲都要纠正一下，仅此而已。

如果控制者是母亲——或许这在中国是最常见的，那会引出很多问题，如拖延（必须声明下，不是所有拖延都要归到这个原因上）。如有一个什么事都要纠正一下的妈妈，你就很容易有拖延症。有此拖延症的人，头脑和身体是分裂的，头脑指挥不了身体。因为，头脑看似是自己的，看似是自己在对自己发号施令，但其实头脑是被妈妈洗过并侵占的，头脑是妈妈的意志，而身体才是自己的意志。面对一个控制欲强的妈妈时，孩子缺乏反抗空间，甚至都不能意识到自己想和妈妈对着干，但身体通过拖延，就完成了与头脑里妈妈意志的对抗。

其实对谁来说，最好都是头脑为身体服务，而非相反。

如头脑被别人的意志侵占，那身体会发展出各种方式，隐蔽地表达自己的意志。

一次课上，一位男学员分享时，我突然有幻觉般，觉得他的手臂与身躯，如变色龙般缓缓移动，好像是，分解成了无数个慢动作，但又把它们连接到一起，看起来貌似是连接成了持续的动作，但其本质是切割成了无数个分裂的微动作。

和他沟通，他也想到了变色龙。对此，我的理解是，他的身体在做动作时，妈妈的意志和他自己的意志同时发出了指令，而且方向相反。并且，这两种意志同时稳定存在。结果，这两股力量持之以恒地纠缠，导致了他变色龙般的肢体动作风格。

爱是哺育，而非意志的强加。

自伤乃至自毁，也是常见的对抗控制者的方式。譬如，父母在孩子学业上屡屡干涉孩子，强力入侵孩子，那孩子就会产生这样的矛盾：

如果他还学习好，就证明了父母的入侵是对的；所以，他会通过无论如何努力都不能学好的潜意识自伤方式，向父母的意志表达对抗。只是可惜，他也伤害了自己。

一位来访者说，小时候在涉及他的事情上，妈妈总是对的，她的道理总是一套套的，他说不过妈妈。可以看出，他其实已经陷入一个迷局中：他要做什么，还要和妈妈辩论，必须证明并说服妈妈自己有正当的理由才可以。这种迷局，也会体现到他生活的各个角落，但其实，我们要做什么的最强有力理由是——我想这么做！

我想这么做，我不想那么做。这就是我的意志，我的选择，我不需要你的批准，更不需要向你证明我是对的。

当然，如果自己的选择会在事实层面上波及对方，甚至伤害到对方，那就很不同了。但如果不会在事实层面上伤害到对方，而只是对方有情绪——他感觉到自己受伤，那么，这份受伤的情绪是由对方自己负责，而不是我要对他的情绪负责。

控制者会让被控制者给出充分的理由，但控制者去干涉被控制者时，他们自己的理由常常是很荒谬的。如很多网友的例子：

1. 我妈妈就是这样！顺其自然的事情她也一定要在我做的前一秒说出口来指挥我，比如出门前我准备穿鞋她会先我一步说把鞋穿上。东西掉了她先我一步说捡起来。很崩溃。

2. 我婆婆就是这个问题，她竟然教我夹衣服的夹子要如何安放。我也是无语，我想怎么放就怎么放，为何要连这种事情也要干涉我？另外她还很喜欢说：看吧，我早说了，你们这种事情肯定做不来，你们就是不听我的。

从被控制者的角度来看，这种什么事都要纠正别人一下的做法非常荒谬，但从控制者的角度看，那又会是什么样的情况呢？

微博上也有作为控制者的网友讲述他们的内心历程：

1. 昨天晚上煲银耳汤，我忘记加水，直接炖上了，还好是电压力锅，没有焦。但是我发现的一刹那，我感觉自己要崩溃了，而且老公过来说了一句"你真牛"，我简直是悲愤交加，有一种完全失控的感觉，我觉得自己犯了很大的错误。

2. 多年前我去菜市场买桃子，回家打开的时候惊呆了。明明自己挑的鲜美的大桃子，可是一眼看过去里面全部是烂的黑乎乎的流着汤的破桃子，被调包了。我的第一反应是吓到了，哭了起来，觉得全世界都黑暗了。男朋友却觉得没必要那么大反应。这也是世界崩塌的感觉吧。

3. 我家每次出现水管漏水、马桶堵塞、灯泡坏掉问题时，我都会有一种很深的崩溃感！现在明白了，那就是控制欲，失控就是灭亡。

一次小的失控，都可能掀起控制者内心的风暴。

这三个例子，能看到一些共同点：任何失控，不管事情大小，他们都会感觉到崩溃。并且，崩溃有两个层面：外界似乎崩溃了，自己的内心也崩溃了；此外，他们会有严重的自我攻击现象。

外界崩溃，是内在崩溃投射出去的结果。内在崩溃，用自体心理学的话来说，即自我瓦解的体验。这是最可怕的体验之一。

所以可以看到，任何失控对控制者来说都像地震般的灾难，所以控制者会尽一切可能让事情尽快恢复控制，而所谓控制，也就是——事情和他们想象的是一样的。这不可避免的会导致他们对别人的控制。

这是怎么回事？可以这样理解：控制者的内心，其实停留在婴儿早期的发展水平上。

如果没有妈妈，婴儿很多事都做不了，任何挑战，对他来说都是失控。所以，婴儿身边必须有一个抚养者，最好是妈妈。当婴儿有需要时，妈妈可以满足他；当婴儿感觉要崩溃时，有妈妈的怀抱在围裹着他。这样的体验充分累积，婴儿就会真切体验到，事情基本在掌控中。即便失控，他也不会跌落到虚空中；相反，他会跌落到妈妈的怀抱里。

但如果身边没有妈妈或任何抚养者，婴儿的失控就意味着彻底的无助与破碎，于是当外界崩溃时，他的自我也有瓦解感——"我"什么都对付不了，我太差了，我该去死……

对婴儿来讲，这种感觉是真实的，但对于成人来讲，这主要是一种感觉，而不再是真实的了。大多数失控，正常的成人基本可以应付，不会处于彻底无助中，有许多种可能性去化解问题。

不过，这说起来容易，但真正从自我经常瓦解，发展到有一个可以基本包得住自己负面情绪的自我，并不容易。

但无论如何，对于作为控制者的成年人，我们知道，问题就是出在这里。我们不再将感觉等同于事实，特别是，不再因为失控而激烈地攻击自我——这虽很难避免，但一旦发现自己在做自我攻击，可以让自己停下来，不再加深自我攻击。

而在关系中，控制者就需要尊重界限，知道我是我你是你，我无权干涉你的世界。当我控制不住地入侵你后，我知道，这样做是我的事，而不是你就该被我入侵。

总之是，控制者需要知道，尽管自己的感受如此真切，但它并非事实，要通过观察对它保持一个距离。有时能深入其中，有时能跳出来观察它。观察者的位置，可以让我们恢复理性。

如果是被控制者，一样有很多事要去做：

1. 觉知自己头脑与身体的分裂，知道很多时候头脑发出的声音并非自己的，而是控制者在说话。

2. 告诉自己，你要做什么事，常常有一个理由就够了——我想这么做！你不需要说服别人，不需要别人批准。

3. 在小事上开始和控制者对峙，如吃喝拉撒睡上，最好是找好一个点，持续地和控制者沟通、交流、对峙，一次次地跟对方说：我是我，我有我的想法我的选择。

4. 对峙时，采取这样的态度——不含敌意的坚决。我很坚决地守住我的立场，但我没有敌意。

5. 在一起时，对控制者有点耐心，特别是他们失控时，知道那对他们来说是很可怕的体验。

6. 你可以远离控制者，让你不能远离的，常是你内心有严重的内疚感，你觉得远离他们，他们会死掉。

如果你是一个游戏爱好者，那你需要知道，性能最好的游戏机是你自己，最好玩的游戏程序也是你自己。把自己"玩"好，或许是活着最有意义和最有趣的事情吧。

在乎别人的评价，本质是想控制所有人对自己的评价。这是残留的婴儿般的无所不能的愿望。你应该在乎的，是自己对自己的评价。

最后，推荐两本书。

受男人控制伤害的，推荐看看《不要用爱控制我》。受妈妈控制的，推荐看看《母爱的羁绊》一书。

概括而言，被控制者需要为自己争取空间，控制者试着去处理失控的感觉，双方都不要激烈地攻击自己，都是可怜人。

## 习惯性迟到是怎么回事

　　习惯性迟到，包含着一种很深却不容易觉知的心理——尽可能多地待在自己的世界里，尽可能少地进入别人的地盘。

　　因为，进入别人的地盘，会有失控感，会不自在，以及其他种种不舒服的感觉，根本性的感觉是——别人的地盘不欢迎我。

　　一位朋友，有一半时候会赶不上飞机，然后改签机票。还有一位朋友，总在最后一刻抵达机场与火车站，并使出浑身解数，让自己每次都能登机上车。有时，为了登机上车，会发展出神奇的策略，那种戏剧性，绝对可拍电影。她们两人都怕提前抵达，因为讨厌等待，等待时会有弥散的焦虑。

　　这份焦虑貌似很浅，但深入体验会发现，它其实非常深，简直像死亡即将到来一样。

这还是要回到母婴关系上。婴儿时，若将妈妈知觉为不欢迎自己，则长大后，就会将整个外部世界知觉为不欢迎自己。对婴儿而言，妈妈的不欢迎自己就等于可怕的孤独与死亡，这份感觉会一直存在内心深处，长大后呈现出来。

一个人可以发展出各种各样的能力与技巧，乃至形形色色的人际关系，让自己对抗孤独与死亡的焦虑，或者说，存在性焦虑。但只有在自己的地盘上，他们才能感觉，他们的能力与技巧乃至人际关系，是可以奏效可以掌控的，一离开这个地盘，自己就什么都不是。所以，迟到会成为一种很常见的自我保护。

因这样的原因，一个成年人，在外部世界是没脾气的好人——因他控制不了，而在家则可以是肆虐无度的暴君。

暴君，往往是试图用强力控制一切，让他的地盘上的事情都如他所料。

不同的暴君有不同的势力范围，在势力范围内，他神武英明，但出了势力范围，他甚至是弱者，譬如萨达姆。

一位德国心理学家将萨达姆称为"穴居人"，意思是，在他所统治的洞穴里，他无所不能，但他的目光只能看到洞穴的范围，出了洞穴，他就无比脆弱。

不必嘲笑萨达姆，这世上有太多穴居人。

顺便说说早到。习惯性的早到，尤其是早到比较久，是一种顺从。从社会功能上讲，早到貌似比迟到好一些，因不会招人烦。

然而，迟到者因追求强力控制，常常会发展出强大的意志和能力，所以容易有世俗的成功，而习惯性早到者过于考虑别人，意味着将控制权交给了别人，这会导致他们在社会中总处于被动一方，反而影响他们取得成就。

不过，早到者也会有其他方式来追求掌控，譬如拖延。他们态度上会显得非常顺从，非常愿意考虑别人，但内心深处很多时候想对别人说"shit"，于是，拖延就成了他们对别人的隐形攻击。

以前，我也将习惯性迟到视为一种攻击，但现在，我觉得不是，认为这是为了对抗极度焦虑而发展的掌控策略。

英国精神分析学家温尼科特提出一个概念——足够好的妈妈。一开始，我觉得这个概念要求不算太高，但现在越来越觉得，他说的"足够好的妈妈"，宛如上帝或耶稣。

我现在想，无论我们起点如何，我们都要学习如何让自己活在当下。活在当下，即意味着，我不将当下的外部世界视为敌对的，也不逃避自己内心的情绪，而是和当下融为一体，这种融合，即爱，或者说，比爱更大。特别是，比正能量要大很多很多。

一方面，我觉得"足够好的妈妈"是上帝，是耶稣。但另一方面，想起一个视频"收到礼物的小萝莉"，我又觉得，这个要求不算高，做到这个视频中的父母那样就可以了。父母准备的所有礼物，都很简单，却是女儿想要的。女儿的真实存在，常被看到，所以，她的感受的流动是那么天然。很多习惯性迟到者或早到者会问，怎么治疗啊？向她学习吧。

多说一句，不断问"怎么治疗啊，有什么方法"，就是焦虑的典型表现。这时，不妨静下来，去看看你的内心在发生着什么。

# PART 2

## 做一棵永远成长的苹果树

生命中最重要的是成为一棵永远成长的苹果树，不因为太计较得到多少果子而成为一棵自断经脉的苹果树。

## 做一棵永远成长的苹果树

一棵苹果树,终于结果了。

第一年,它结了 10 个苹果,9 个被拿走,自己得到 1 个。对此,苹果树愤愤不平,于是自断经脉,拒绝成长。第二年,它结了 5 个苹果,4 个被拿走,自己得到 1 个。

"哈哈,去年我得到了 10%,今年得到 20%!翻了一番。"这棵苹果树心理平衡了。

但是,它还可以这样:继续成长。譬如,第二年,它结了 100 个果子,被拿走 90 个,自己得到 10 个。

很可能,它被拿走 99 个,自己得到 1 个。但没关系,它还可以继续成长,第三年结 1000 个果子……

其实,得到多少果子不是最重要的。最重要的是,苹果树在

## PART 2　做一棵永远成长的苹果树

成长！等苹果树长成参天大树的时候，那些阻碍它成长的力量都会微弱到可以忽略。真的，不要太在乎果子，成长是最重要的。

这个寓言故事，是我在 2005 年发表在《广州日报》上的，原文是《七个心理寓言》，后来这篇文章被转载数十万次，文章题目也成了我 2008 年出版的一本书的书名。

任何学生，你们毕业后将直接进入社会，希望你们多少能记得这个寓言，记得生命中最重要的是成为一棵永远成长的苹果树，不因为太计较得到多少果子而成为一棵自断经脉的苹果树。

之所以形成"自断经脉的苹果树"的概念，是因为当我工作了 3 年后，我发现，很多和我一同参加工作的朋友，他们的工作能力反而不如刚工作时。他们先是工作热情日益消减，最后工作能力也随之下降，他们的优势，仅仅剩下了相对新入职员工有优势的人际关系网络。

对于这种现象，我在当时的文章中感叹道：

你是不是一个已自断经脉的打工族？

刚开始工作的时候，你才华横溢，意气风发，相信"天生我材必有用"。但现实很快敲了你几个闷棍，或许，你为单位做了大贡献没人重视；或许，只得到口头重视却得不到实惠；或许……总之，你觉得就像那棵苹果树，结出的果子自己只享受到了很小一部分，与你的期望相差甚远。

于是，你愤怒，你懊恼，你牢骚满腹……最终，你决定不再那么努力，让自己的所做去匹配自己的所得。几年过去后，你一反省，发现现在的你，已经没有刚工作时的激情和才华了。

"老了，成熟了。"我们习惯这样自嘲。但实质是，你已停止成长了。

这样的故事，在我们身边比比皆是。

之所以会犯这种错误，是因为我们忘记生命是一个历程，是一个整体，我们觉得自己已经成长过了，现在是到该结果子的时候了。我们太过于在乎一时的得失，而忘记了成长才是最重要的。

好在，这不是金庸小说里的自断经脉。我们随时可以放弃这样做，继续走向成长之路。

---

文章中提到的那些"懊恼、愤怒、满腹牢骚"，只要你稍稍有工作经验，便会发现它们会从你心中涌出。

但是，别被这些东西征服。

假若你暂时被它们征服了，那势必是因为，你远离了你的立场，你已不知道你生命中真正需要的是什么。

更具体而言，是因为你有这样的人生哲学——"你难道不是通过别人的评价来认识你自己吗？"

你不知道你是谁，你不知道你的人生价值，你忘记了巴菲特的哲学"尊重你自己的感觉"，你不知道从你内心寻求资源。

相反，你错误地认为，你的人生价值来自于别人对你的评价，而这些评价要么是赞誉等精神上的奖励，要么是物质上的回报。但是，这些东西是控制在别人手上的，当你祈求从别人手上得到这些时，也就意味着，你将你的生命控制权放到了别人手上。

自断经脉的哲学来自这样一种心理逻辑的三部曲：

1. 我努力了。
2. 你要认可我。
3. 否则，我会让你后悔。

这三部曲，首先是在家里玩的。譬如，假如你经常被父母批评学习成绩不够好，那么你可能会觉得，他们之所以不认可你，是因为你学习成绩不好，所以你努力学习。你之所以努力学习，是因为你期待得到那个回报——"你们要认可我"。

但是，你发现，当你取得优异的成绩时，你的父母还是对你不认可，这时你愤怒了，发出了"我会让你后悔"的声音。

在生命中，你早晚会发现一点：我们一开始是为了让别人满意的，尤其一开始都是想让父母等养育者满意的，但最终，我们发现，生命中最重要的是自己满意。

## 我们再也不会为你玩了

有一个更深刻的寓言故事，可以说明我们为什么那么容易成为自断经脉的苹果树。

这是心理学中一个很有名的寓言故事：

一群孩子在一位老人家门前嬉闹，叫声连天。几天过去，老人难以忍受。

于是，他出来给了每个孩子25美分，说："你们让这儿变得很热闹，我觉得自己年轻了不少，这点钱表示谢意。"

孩子们很高兴，白玩了不算，竟然还有钱拿。所以，第二天仍然来了，一如既往地嬉闹。

老人再出来，给了每个孩子 15 美分。他解释说，自己没有收入，只能少给一些。

15 美分也还可以吧，毕竟钱是白拿的，孩子们虽然没有昨天兴奋，但还是高兴地走了。

第三天，老人只给了每个孩子 5 美分。

孩子们勃然大怒："一天才 5 美分，知不知道我们多辛苦！"他们向那老人发誓，再也不会为他玩了。

---

苹果树为什么会自断经脉？这个寓言故事给了精彩的答案，因为它不是为自己而"玩"。

这个道理很简单。譬如，你有厌学的情绪，为什么会厌学，原因很可能是，你觉得学习是为了父母与老师，但不管你怎么努力，他们就是不满意，最后你心里有了厌倦，"我再也不想为你们学了！"

读大学时，一天晚上的卧谈会，同宿舍的哥们谈到了逃学的种种趣事。他们每个人都有逃学的故事，他们讲得那么兴高采烈，而唯独我没有逃过学，有那么一瞬间，我心中还蛮失落——我怎么就没经历过他们这么有趣的事啊。

后来，我明白了，我是没有必要逃学的。因为，我很爱学习，从学习中得到了很多乐趣，这些乐趣驱使着我怀着满腔热情投入到学习中。同时，虽然我家在农村，而且还是村里差不多最穷的那种家庭，但我的父母从来没有给我施加任何压力，说"我们家就指望你了""你要好好学习"之类的话。我就算取得极好的成绩回家，譬如全校第一名，他们也只是很高兴而已，不会大张旗鼓地祝贺什么。甚至当我拿到北京大学的录取通知书回家时，他们也只是高兴，而没有想过"我们家的命运从此就改变了"之类。

如此一来，我的学习就像上面这个寓言中所说的那样，开始时完全是为了自己而玩，我的学习根本不是为了讨父母欢心，也不是为了讨老师欢心，仅仅是因为我喜欢。这样一来，我就完全没有必要通过逃学来表示点什么了。

用心理学的理论讲，人的动机分两种：内部动机和外部动机。如果按照内部动机去行动，我们就是自己的主人。如果驱使我们的是外部动机，我们就会被外部因素左右，成为它的奴隶。

在这个寓言中，老人的策略很简单，他将孩子们的内部动机"为自己快乐而玩"，变成了外部动机"为得到美分而玩"，而他操纵着美分这个外部因素，所以也操纵了孩子们的行为。

等你工作后，你可能会发现，你的老板、上级真的很像这个老人。但不同的是，这个老人，是很有智慧地通过操纵孩子们而达到了自己的目的，但你的老板与上级，往往不知道自己做法的杀伤力，他们想通过操纵金钱与精神奖励来操纵自己的员工，不承想却因此泯灭了员工们的工作热情，搞得他们"再也不想为你玩了"。

"你难道不是通过别人的评价来认识自己吗？"一旦你持有这种哲学，就意味着你是将外部评价当作自己的参考坐标，这样你的情绪就很容易波动。因为外部因素我们控制不了,它很容易偏离我们的内部期望,让我们不满,让我们牢骚满腹。不满和牢骚等负面情绪让我们痛苦,为了减少痛苦,我们就只好降低内部期望,最常见的办法就是减少工作的努力程度。

希望大家明白,一个人之所以会形成外部评价体系,这并非天生,而是后天环境所造成的,通常最主要的原因是父母太喜欢控制我们。父母太喜欢使用口头奖励、物质奖励等方式控制孩子,而不去理会孩子自己的动机。久而久之,孩子就忘记了自己的原初动机,做什么都很在乎别人的评价。上学时,忘记了学习的原初动机——好奇心和学习的快乐;工作后,又忘记了工作的原初动机——成长的快乐,而上司的评价和收入的起伏成了他工作的最大快乐和痛苦的源头。

不知道你现在是否就陷在这种怨气中——"我再也不为你玩了",如果发现了自己这种怨气,你可以将它转换为——"我是为自己而玩"。

# 把一张纸折叠51次……

想象一下,你手里有一张足够大的白纸,现在,你的任务是把它折叠51次。那么,它会有多高?

一个冰箱?一层楼?或者一栋摩天大厦那么高?不是,差太多了,这个厚度超过了地球和太阳之间的距离。

这是我的文章《七个心理寓言》中的一个,它说明了人生规划的重要性。

无数人努力一生,最终却没有什么成就,很重要的一个原因是,他们做的那些努力没有累积的效果,一个努力和一个努力之间常常没有什么关系，更别说发生化学反应了。

要想自己的各种努力有累积的效果，甚至彼此之间还可以有化学反应，你就需要对人生做一个规划。

对人生做规划时，有两点很重要：一是，你需要有一个一以贯之的目标；二是，从整体的角度看人生。

目标，必须是你自己的，它是发自你内心，而不是来自于别人的期望，譬如父母的期望。

关于父母对孩子的期望，有一个很真实的荒诞故事。

---

> 美国一个家庭，父亲年轻时想做律师，但爷爷迫使他接受了家族生意，于是，父亲心中就有了一个没有完成的目标——成为一名律师。等他有了儿子后，他就将自己未实现的梦想放到了儿子身上，期望并迫使儿子去读法律，儿子很争气，最后去了哈佛大学法学院，但是，大学毕业后，儿子离开美国，去了全球闻名的黑手党之家——意大利西西里岛，成为一名黑手党。爷爷扼杀了父亲的梦想，父亲又扼杀了儿子的梦想，但儿子通过走向相反的方向，狠狠地羞辱了父亲。

---

这是另一个版本的"我再也不为你玩了"。

目标，一定是"我自己渴望玩"，才会产生巨大的推动力。

我自己的梦想是在大学二年级时点燃的。当时是暑假，我和一些打暑期工的大学生一起骑自行车在北京市做广告推销，已经共处几天了，他们每个人的故事我都有所了解，我觉得他们实在是太有意思了，每个人都那么不同，结果骑在自行车上时，我心中突然涌出了一个念头——"我要成为心理学大师！"

从此以后，我的所有努力都是围绕着这个目标的，如此一来，这一切努力之中都有了一种相乘的味道，它们混合在一起的推动力非常惊人。甚至，最消极的事情也有非凡的意义。读研究生期间，我有两年有严重的抑郁症，但我不慌，因为我的目标是成为心理学大师嘛，那么，我可以了解自己、治愈自己，于是，这两年成了我在大学9年期间最有价值的两年。

最好的是，我们在很年轻的时候就有了一个目标，但关于这一点，有时也不必太着急，因为目标真的是发自内心的才最有驱动力。你可以不断试着去问自己："我最想要的是什么？"

目标不同，人生规划也不同。譬如，我一个朋友的人生方向是英语，他经过十数年努力，仅单词的记忆量就达到了十几万之巨，在这一点他达到了一般人无法企及的高度。

又如，你的人生目标是做老板，那么，你就需要很多技能——专业技能、管理技能、沟通技能、决策技能等。你可能会一开始尝试这个，又尝试那个，没有一样是特别精通的，但最后，开公司做老板的这个目标将以前那些看似零散的努力统合到一起，那些技能之间也会出现巨大的化学反应，这也是一种复杂的人生折叠。

人生规划中，第二点比较重要的是要有整体的意识，试着从整体的角度看人生，而不要太局限于一时的得失。

从整体的角度看人生，这是严重匮乏的一种意识，无数的励志书和无数大人们都会对我们强调志向的重要性，但是，他们强调志向时有一种过于强烈的焦虑感，好像在人生任何一个时刻跌倒一下，都意味着人生会有一场大灾难。你可以将这种焦虑感还给大人们，用你自己的生命来证明，从整体的角度看人生，生命的每一时刻都是有意义的，假若你能从每一刻学习到智慧的话。

中学生给我的几千封来信中，相当一部分是因为某一次考试没考好，而让他们担心中考或高考会考砸。这就过于焦虑了，而他们之所以如此焦虑，关键原因是，他们没有明白，大人们在这方面经常是严重缺乏智慧，大人们被自己的焦虑给击倒了。

譬如，我一个朋友的儿子对我说，他们的老师常常对他们强调说，每一次考试都是在帮你们查漏补缺，所以，不必太在乎平时的考试成绩，甚至你们还可以为一次考试失利而庆幸，因为它帮助你们提前知道了自己的问题。这就是从整体的角度看考试。

但是，同时，这些老师又强调说，你们要将每一次考试视为高考。这种观点，就太令人焦虑了。这个男孩，就是因为一次小考试失利，而产生了严重的考试焦虑。还好，当这个男孩再一次形成从整体的角度看高考，将成年人愚蠢的焦虑还给他们的概念后，他的考试焦虑消失了。

其实，生命也是一次高考，当我们临死时回顾一生，如果可以像小说《红与黑》的作者、法国小说家司汤达那样在墓碑上刻下墓志铭"活过！爱过！写过！"，那这一生就太美了。

## 挫折具有非凡价值

如果每一刻都是终极考试,那么每一次挫折都是致命的,都是绝对不可接受的。

但是,如果从整体的角度看人生,那么每一次挫折都具有非凡的价值,它们实际上是拓宽了我们的生命。

生命充满了挫折,相应的,容忍挫折乃至化解挫折的能力就成了至关重要的素质。

一个刚刚会爬的婴儿,他想得到 10 米外的一个球,但他爬不过去,这是一个挫折。

一个十几岁的青少年,他想得到朋友们的赞誉,但没得到,这是一个挫折。

一个 20 多岁的青年,想追求一个异性,但被拒绝,这是一个挫折。

看起来，这三个挫折的等级是完全不同的，但可能，这三件事中，婴儿、青少年与青年心中产生的受挫感的程度是一样的。但是，化解它们的难度是完全不同的，婴儿拿到一个球是最容易的，而青年想追求到一个异性是最难的。

最好在生命早期就能学会如何应对挫折，那些在生命早期没有经历什么挫折的人，在长大后承受挫折的能力就会变得很差。生命中的挑战随着年龄增长日益强大，但他们承受挫折的能力却远远没有跟上。

我们国家流行"挫折教育"，即人为地让孩子去参加什么魔鬼课程，让孩子感受到挫折。

但实际上，挫折教育是没有必要的，因为生命中自然就有挫折重重，关键的一点是，只要父母让孩子自然经历挫折而不过于帮助他们就可以了。

譬如，那个婴儿想拿到 10 米外的球，除非是婴儿哭泣发出了请求，否则父母不要去帮助婴儿，让他自己慢慢做到这是最好的。在这个过程中，婴儿势必会感受到挫折，但最后他战胜了挫折，他感受到了自己的强大，这一历程会帮助他不再惧怕挫折。

我们最好在婴幼儿时就形成应对挫折的能力，假若你没有这份运气，比方说可能父母、爷爷奶奶、外公外婆都围在你的身边，你遇到任何一个小挫折，他们都一拥而上来帮你化解，那么你就失去了应对挫折的能力，这会导致你对挫折的承受能力很差。

如果你失去了婴幼儿时的这份运气，那么，你至少还拥有青少年时期的运气。这个时候，你所面临的挑战尽管在你看来很大，但它们仍然比成年后面临的要小，试着去抓住这次机会，在这一时期学习独自化解那些大大小小的挫折，这会成为你生命中宝贵的财富。

美国人保罗·斯托茨将应对挫折的能力称为"挫折商"，衡量挫折商的一个最简单的指标是"延迟满足的能力"。

比方说，一个孩子说，我要买一件玩具。这时，他倾向于立即得到，如果妈妈说没有带够钱，我们下次再买。那么，就算妈妈说的是真的，孩子仍可能会大闹一场，因为孩子的"延迟满足的能力"一般偏差，他觉得，我的需要一定可以立即满足。

到了青少年时期，一般来说，很多人都形成了一定的延迟满足的能力。但是，作为"90后"，往往会形成一个孩子面对6个大人的格局，他们有时会竞争你的爱，于是争先恐后地去满足你的需要，令你没有很好地形成延迟满足的能力。

但你可以从现在开始，试着通过自己的独立能力，去满足自己。这通常会有一个过程，而这会自动帮助你形成延迟满足的能力。

再说说"90后"的一个孩子面对6个大人的格局，我个人认为，这绝对不是一件好事。因为，假若这6个大人都不具备巴菲特爸爸的智慧，不断叮嘱你"尊重你自己的感觉"，相反，他们都可能会不断给你一种感觉"作为孩子，你不知道你自己，我们才知道你"，那么，他们会严重切断你与自己内心的连接，你感受事物的能力会受到很大程度的破坏。所以，你可以理直气壮地说，这种格局对我的伤害远胜于对我的帮助。

甚至，很多时候，你需要抗争，才能争取到独自化解挫折的机会。如果真是这样，那么就去抗争，干净利落地拒绝那些你内心中早就认为没有必要的帮助。

并且，十几岁的年龄，恰恰是最容易被挫折击倒的时候，假若你从小就不断被大人们过分"帮助"的话。因为，在之前，你的一切需要，似乎大人们都可以帮助你做到。但是，自从进入青春期后，你发现，你的那些重大需要，大人们再也帮不上忙了。怎么，难道大人们可以帮助你学习与考试，难道大人们能帮助你交朋友谈恋爱……不行，都不行，你必须自己去做。

记住米尔顿·艾瑞克森那句话：从这里开始，我自己来！

## 修炼你的挫折商

父母与孩子的关系中,父母最好是做守护者,而不是教导者,他们只要在必要的时候给孩子提供保护与支持,而其他时候,给孩子自由,让孩子自己去探索生命的奥秘。

欧美的教育体系中,教师就是这样的守护者。

这样一来,孩子天然就会成为一个"为自己而玩"的人,驱使着他行动的动力来自他内心的召唤,而不是别人对他的期望。

同时,孩子也会自然而然地形成较高的挫折商,他们不仅不会被大大小小的挫折击倒,相反甚至会爱上挫折,因为他们心里有一股力量认定,他们可以超越这些挫折,并将其转化成自己的财富。

如果你没有这份运气,就需要长大后来修炼自己的挫折商。

PART 2 ／ 做一棵永远成长的苹果树

美国人保罗·斯托茨提出了挫折商的概念，他认为，衡量挫折商的高低有四个方面：控制、归因、延伸与忍耐。

控制，是一种感觉，即当挫折发生时，一个人感觉到自己仍有相当可以控制的领域。控制感越高，一个人的挫折商就越高。之所以有人可以"泰山崩于前而色不变"，可以说，根本原因在于，这样的人知道，即便泰山崩于前，自己可以做的事情仍然很多。

这种控制感在生活中无比重要。很多人，哪怕一个很小的挫折也可能将他们困住。和这样的人谈话时，我会很清晰地感觉到，他们的注意力一下子变得很集中，并且是完全集中在"我什么都做不了"的感觉上。这时，我只需要帮助他们将注意力多打开一些，就可以对他们有很大帮助。

譬如，我这时会问一个很简单的问题："你可以对此做些什么？我相信你一定做得到，试试看。"一开始，他们都会说，我什么都做不了，但我不断地鼓励他们，他们最后发现，自己可以掌控的事情其实还有很多。

请记住，真的，在任何时候，你都有一个选择的空间，别被"我什么都做不了"的无助感彻底催眠。

归因，即挫折发生后，你是试图向外寻找原因，还是向内寻找原因。向外寻找原因的人，貌似很快就从挫折感中出来了，但这只是一种逃避而已，是鸵鸟遇到危险时将自己的头埋在沙子里的策略。向内归因的人，首先是认为自己一定有原因，其次是他相信自己一定有可以努力的地方。

延伸，即你是将挫折感限制在挫折发生的那一块范围，还是将其蔓延到其他范围。譬如，如果同学取笑你的鼻子大，你发现，你的鼻子的确大一些，但假若你是低延伸，你会说，哦，我就是鼻子大而已。如果你是高延伸，那么你可能会感叹，我怎么长得这么丑，难怪他们不喜欢我，我一点价值都没有。

忍耐，即耐力，不过这个耐力是需要智慧的，而不是一种盲目的忍耐。譬如爱迪生发明灯泡进行了无数次试验，之前的全失败了，但他仍然锲而不舍地进行下去，因为他知道，他发明灯泡所依据的科学道理是靠得住的，他只是还没有找到足够好的方法而已。相反，假若你去发明永动机，那么不管你多么有耐力，你注定不会成功。

假若你想提高自己的挫折商，可以从这四个方面入手。

1. 任何时候，都要问问自己，"我可以做什么"。

2. 向内归因，问题发生时，问问自己该担负什么样的责任，而自己又可如何去改变。

3. 不把问题扩大。哦，有失败发生了，但它就是这么一件事而已，这并不意味着我其他方面有问题。

4. 如果你真的确定一件事可以做，它是有道理的，那么努力将其进行到底。

在我看来，挫折商太低常常是因为我们做不到"对事不对人"。当一件事受挫时，"对事"就是知道，哦，我这件事没做好，"对人"则是，因为这件事没做好，所以我整个人都是没有价值的。

为什么会这个样子，通常，原因也可以在我们的原生家庭中找到。譬如，江西省某年高考，一个女孩考的分数远远超出重点大学录取线，但她的父亲诅咒她去死，因为她没有考上他希望的清华大学。这里面的逻辑就是，因为你没有做好这一件事，你整个人都没有价值了。

生命是百八十年的长度，这一辈子我们该遇到多少事情啊，这些事情加在一起才构成了我们生命的整体，我们怎么可以因为一个挫折而否定自己整个人呢？这实在太荒诞了。

## 有梦想才有立场

外出讲课,每当讲到职业规划,我都会讲以下三个故事。

第一个是激励大师戴尔·卡耐基的。一次,他去一家餐厅吃饭,他要点一份饮料,一位男侍应生说,抱歉,我们餐馆没有这种饮料。

过了一会儿后,这位侍应生却将他要的饮料送了上来。那一刻,卡耐基有点愤怒,他质问小伙子,你刚刚不是说没有吗,怎么现在又送上来了?

这位侍应生回答说,我们店的确没有这种饮料,但看到您那么失望,我想起隔壁店有,所以去隔壁店为您买了一份。

卡耐基很满意,离开店的路上,他想,嗯,这个小伙子是个人才,我干吗不把他挖到我手下呢?

过了几天,他特意去了那家店里,却看不到那位侍应生了,他问店长那个小伙子去了哪儿?店长问他什么事,卡耐基很坦然地说,我看他是人才,想把他挖到我的公司。店长笑着说,您来晚了,他已经升到另一家分店做店长了。

接下来的两个故事是我自己经历的。

一次是 2003 年,我去广州的太平洋电脑城买笔记本电脑,那家店里接待我的是一位美女服务员,她非常热情周到,很多我没想到的地方她都想到了,感动之余,我忍不住想,该不是她对我有些意思吧?

这种幻想很快破灭了,我发现,她对别的客人也是一样的热情周到,她所到之处,给所有人都带来了快乐。

我加了她 QQ,知道她刚来广州几个月,我问她,你梦想是什么。

她说,3 年后开一家自己的小店,也是在电脑城卖电脑。

我说,你的梦想一定会实现。

她问,你该不是为了鼓励我吧?

我回答说,不是,真的不是,我看到了你一定可以。

果不其然,3 年后,她在 QQ 上给我留言说,她已有了自己的一家小店。

另一次是 2005 年,我买了房子,为自己的新家买家具,接待我的服务员是刚来广州 3 个月的一个女孩,她做事非常麻利,也是充满热情和快乐,事情考虑得也很周到。

交钱时，我进了她们简陋的办公室，看到墙上写着一些豪言壮语，问她，哪个是你的？

她指了一个给我看——"3年内，成为一家分店店长"。

我说，你一定能实现。

这个女孩倒不谦虚，只是笑了笑，还做了一个鬼脸，看来她很有信心。

过了几个月后，我又到另外一个家具城看家具，赫然看到，这个女孩已成为这个家具城某个家具品牌的分店店长。

我能有这么准确的预言，关键是我和卡耐基一样，发现了这两个女孩和那个小伙子一样是人才。

不知道卡耐基遇到的那个小伙子的背景如何，光说我遇到的那两个女孩，她们的背景非常普通，也可以说差，她们都来自农村，都没上过大学。卖电脑的那个女孩说她是很爱学习的，但家里穷，没办法只好退学。但这样的背景，并不妨碍她们梦想成真，因为她们是人才。

这三个人首先有一个共同特点：非常能为顾客考虑，并且，为顾客考虑的程度都超出了公司的需要。

他们为什么能做到这一点？是因为他们很善于揣摩别人的心思吗？

不是。我想，重要的是，他们有自己的梦想，而他们的梦想就成了他们鲜明的立场。也就是说，他们在追求梦想时，心里会很确定"我是在为自己而玩"，我做的一切都是为了自己，为了早

PART 2 / 做一棵永远成长的苹果树

一点实现我的梦想。

假若不是这样,而是"我是为了让老板满意",那么,他们就很容易成为你最常碰到的那种服务员,他们也会微笑,但微笑是僵硬的、缺乏感染力的,他们也会很努力,但他们的努力是没有心的。

我很喜欢和一些遇到的人聊天,最后总结出,这些最常见到的服务员之所以成为这个样子,直接原因是老板们的管理不善,他们定的考核机制及作息制度不合理,最终让自己的员工成了"自断经脉的苹果树",只是为了得到更多的物质奖励才勉强自己为客人服务。

不过,深层原因一定是,这些我们到处都可以遇到的服务员,他们没有自己真正的梦想,因而失去了自己的立场。

所以说,人才绝不仅仅是技能上的,人才首先是一种素质,而这个素质概括一句话,就是——我是为了自己而玩。

# PART 3

## 不要活在别人的观感里

不要被别人摇动你的心。你很容易被对方的气势压倒,令自己被对方的不良情绪污染,成为对方宣泄情绪的垃圾桶。如果总是被别人这样污染,那最后你的身心就会落下很多问题。

## 懂事，或是很深的绝望

乖孩子是不能提要求、不能发出声音的孩子。健康孩子，必然有活力，而活力的展现方式就是发出他的高兴与不高兴的声音，提出他合理或不合理的要求。

说说我自己的故事。妈妈说，我小时候必须抱着，一放下就哭，哭到一岁四个月，突然就不哭了，以后再没怎么哭过。我记事很早，最早记忆只有几个月，但从记事起，就一直是小大人，偶尔才有做小孩的感觉。

一直不明白，按说我得到的照顾很好啊。因爷爷奶奶死活都不会给我家带孩子，哥哥和姐姐的经历充分证明了这一点，我出生后，妈妈干脆不挣工分了，做全职妈妈带我，在农村这是绝无仅有的事。记事起，我没被打一次，没被骂过一次，父母也从不否定我的意志。好像是，我得到了充分的爱与自由，但怎么就那么乖呢？难道是因对父母共情才这样吗？但我的活力去哪儿了？一副好嗓子，却逐渐不能唱歌了，从来都不能跳舞，现在才可以跳点激烈的。

直到今年的一天，我做了三个很深很深的梦，第二天发现长了五根白发，才明白这一切是怎么回事。原来的哭，是对妈妈喊，看着我，关注我，和我呼应。一岁四个月时，突然不哭了，是绝望了，再也不发出这个意愿了。懂事，是一种很深的绝望。

初恋时，有三年，每天晚上做噩梦，找她，但永远找不到。这一千个噩梦，就是要发出爱的意愿但却觉得不可能的绝望之体现。可见绝望有多深。可我不是绝望最深的那种，毕竟我一直敢追求，没被绝望击倒，从来对爱有渴望。太多人明确说，绝对不和最爱的人结婚，甚至不和他们恋爱，看看就行了。这是被绝望击倒了。

前不久去福建上奥南朵老师的课，明白了妈妈是怎么回事。她有严重抑郁症，原因是被爷爷奶奶（主要是奶奶）攻击，被村里人扣上不孝的帽子被歧视。父亲和她都不能抗争，最终她几乎失去了活下去的活力，她是挣扎地活着，挣扎着照顾我们。这种情形下，她没把气发到孩子身上，已很伟大，更何况还把我照顾得很好。因这理解，虽我对妈妈没一点怨，但爱与流动，或者说活力，的确没得到，要自己活出来。

精神分析说，抑郁症常是向外的愤怒转成了向内攻击自己。

对我妈妈来说的确如此。每次一出事，她都是气得躺在炕上不能动弹。我爸爸也很严重，他30岁时，因和爷爷奶奶冲突，气只能吞着，结果满口牙全掉了。每想起这件事我就想哭，这就叫"打落牙齿和血吞"。

当时爸爸都跑到铁轨上想自杀了，想到两个孩子（那时还没有我），又回来了。我的家族很变态，大伯父早夭，大伯娘被奶奶折磨死，现在家族里根本不谈这一家人；二伯父送人；我爸爸老三，被严重歧视，幸好没住在一个大院里，否则妈妈真可能也被折磨死；叔叔和姑姑受溺爱。

最后说说我的名字"红"，不是因为父母跟风，而是因我出生前后，爸爸梦见他在地里捡了一块红宝石。他们觉得意头特别好，就起了这个名字。也的确，我出生后家境开始好转，所以他们一直对我有感激，觉得好家境是我带来的，其实是他们拼命努力，终于让家里有了积蓄。

在奥南朵老师课上做练习——进入父母的身体，以此体会他们的内心和对自己的影响。我发现，我的父母一样，都是挣扎着活着，没有活力，不敢有奢望——所以爸爸做小生意每当有了些积蓄都会出点事把钱弄没，他们对我是完全没有期望，我的一切对他们来说是一个又一个的惊喜。甚至，他们都不允许自己惊喜了。

好像也不是完全对我没期望，父母偶尔会对我说，而我的潜意识也很深地捕捉到了他们内心的这句话——"别出事，别惹事"。原因是，被扣上不孝帽子的他们，觉得出了事没法摆平，甚至出

PART 3 / 不要活在别人的观感里

了事会导致自己活不下去。

这句话很深地影响到我。我总处在一种淡淡的、莫名的恐惧中，但幸好这不是全部。再者，毕竟父母没有对我进行过任何惩罚，所以我还是有一种反抗精神，这种反抗精神，对准的，是影响中国几千年的孝道。

我是要为父母讨公道。

假若完全不能明白这一点，我或许会成为反孝道的哲学家。还好心理学之路让我逐渐变得平和一些，以后会把孝道写得更深，或许不会有愤怒在里面了。

中国家庭的故事，也是中国这个国家的故事。

缅甸的民主领袖昂山素季说：在一个否认基本人权的制度内，恐惧常成为一种时尚——害怕坐牢，害怕拷打，害怕死亡，害怕失去朋友、家庭、财产或谋生手段，害怕贫穷，害怕孤独，害怕失败。最为阴险的恐惧方式是化装为常识，甚至至理名言，将有助于保存自尊与人性高贵的日常勇敢行为谴责为愚蠢、鲁莽、无价值或琐碎无用的。

我发现我心中有昂山素季所说的这种恐惧，并且是弥散性的，但它不会征服我。我的父母实实在在地被这种恐惧击倒，他们失去了活力，但我要化解它，活出我的活力。

也愿我们都能明白，懂事，真不是一个什么好事情。它表面上是为了让家长省事，也许骨子里就是处于恐惧——"别惹事别出事，否则……"

## 别人怎么对你，反映了他的内心

不要被别人摇动你的心。

这是一个很重要的道理。

但是，为什么我们偏偏很容易被别人摇动自己的心，而且，无论我们怎么叮嘱自己都做不到不被别人影响？

这是因为，我们不自觉地会有一个意识——别人怎么对我，反映了我是一个什么样的人。

有时候，这是有道理的。但是，很多时候，别人怎么对你，反映的是他自己的内心。

大学的时候，我很尊敬一个老师，觉得他是我在北京大学最早遇到的一位令我钦佩的老师。

PART 3 ／ 不要活在别人的观感里

一天，在校园里，我碰见他，向他打招呼说："老师，您好！"为了表示对他的尊敬，我还将主路让出来，自己站在路旁边。

孰料，这位老师将脖子高傲地向另外一边一扭，走过去了。

我觉得很受伤，那一刻，我怀疑，是不是我武志红有问题，我什么时候得罪过这位老师。但想想又觉得不可能，我只是刚上了他几次课而已，课上我又蛮认真听讲，怎么会得罪他？

带着这种怀疑，我将这次经历告诉给同宿舍的哥们，结果发现，他们每一个人也都有过我这种遭遇。再了解，发现我们班的其他男生和女生也都有过这种遭遇。

这种了解让我如释重负，我明白，那不是我有问题，而是这位老师有他自己的心理问题。

再后来我学了心理学的理论，知道这是投射与认同。这是人际关系互动的两个必然部分，别人将他内心的感受投射给你，而你认同了。套到我这次经历中，可以说，这位老师将他内心的受伤感投射给我，而我认同了，于是我有了被伤害的感觉。

这是人际关系中最常见的互动方式，如果你面临着这样的苦恼，试着用这个道理去看一下，也许你会发现，这种苦恼是别人给你的。

这个道理虽然简单，却很少有人真正懂得。一次开课，我的课上来了一位世界 500 强企业中国区的二号人物。后来，她对我说，这次课让她受益匪浅，多年来，她一直受一件事情困扰：公司中国区的一号人物总挑她的刺，批评她不思进取，批评她吃老本，每次被批评后，她都会觉得非常委屈和郁闷。

但是，当明白了投射的道理后，她一下子明白了，一号人物之所以批评她不思进取，批评她吃老本，实际上是在说他自己。一直以来，她都认为自己是闯劲十足的人，怎么会老被批评吃老本和不思进取呢，原来是一号人物自己受困于这两个问题，这让他苦恼，于是他将这种苦恼转嫁到了她身上。

法国哲学家萨特说，他人即地狱。

国内一位心理学家说，亲人是用来虐待的。

这两句话都反映了一个很简单的道理，在人际关系中，尤其是在重要的人际关系中，人们会忍不住将自己内心的痛苦投射到对方身上，结果令对方痛苦。

我将此称为人际关系的污染，为了避免或化解这种污染，明白投射与认同的概念是非常有帮助的。

1996年，广东某个地级市一家民营企业聘用了十几名大学生，那是当地民营企业第一次大规模招聘大学毕业生，一时间成为美谈，当地报纸和电视台等媒体屡屡报道此事。

我最好的一位朋友就是其中一名，她做了老板的秘书。

那位老板很奇怪，他不进行充分培训就将大学毕业生第一时间放到最重要的岗位上，当他们不能胜任时，他会说，你看你们大学生有什么了不起，还不如我们这些没文化的。然后，他要么自己做，要么指挥一些"没文化的"员工解决这一问题。

我这位朋友进厂半年后的一天，她在办公室里忙这忙那，而那位老板一边慢悠悠地喝着茶水一边说："我一天挣的比你一年都多。"

这位老板为什么会说这句话？

我这位朋友讲述这个故事时，这样问我。我反问她，那一刻，你的感受是什么？她说，有一点自卑。我说，是了，就是这个，这位老板内心有很多自卑，这让他不舒服，所以他要找机会把这个自卑感投射出去，讽刺大学生不如他们"没文化的"是投射自卑，说"一天挣的比你一年都多"也是为了将自卑感投射出去。

好在我这位朋友很厉害，没有中老板的招。当时，她想了想说："是啊，我可能一辈子都挣不了你一年的钱，但是，你很累啊。"

当时那一刻，办公室的气氛有些尴尬，但后来，这位老板对她非常好，那些大学生员工中，他唯独给了她一份尊重。

在与大学生员工的关系中，他投射的是自卑，如果你中招了，真自卑了，这位老板就会看不起你。但是，在与我这位朋友的这次较量中，她没有中招，反而巧妙地将自卑感还了回去。这样一来，这位老板不得不对她尊重了。

每个人讲话时都有两个层面，一个是事实层面，一个是情绪层面。对于事实层面，我们要尊重，要实事求是，但对于情绪层面，我们要接受正面的情绪，而负面的情绪要不客气地还回去。

我这位朋友对老板说"我可能一辈子都挣不了你一年的钱"，这是在事实层面说话，"你很累啊"，这是在情绪层面对话，潜台词是"你没什么好羡慕的"。

可能，你以前在与别人打交道，尤其是在与强者打交道时，很容易被对方的气势压倒，令自己被对方的不良情绪污染，成为对方宣泄情绪的垃圾桶。那么，你可以花时间，在事后对你们的互动进行分析，试着将对方的话和你的话分成事实层面和情绪层面，然后学习尊重事实，将对方的负面情绪给还回去。

人生是一个漫长的历程，如果我们总是被别人这样污染，那最后我们的身心就会落下很多问题。

## 别人怎么对你，可能是被你教会的

有时候，别人怎么对你，反映着他的内心。

但也有时候，别人怎么对你，是被你无意中教会的。

没有人愿意做没有用的事情，所以，除非他们发现，他们可以用一种方式对你，否则，他们会换一种方式。

第一个道理，比较简单，而第二个道理，会相对复杂一些，但它是更加根本性的道理。

再说说我的那位老师，不知道你们是否早已发现，我的确是在教这位老师蔑视我。你看，我是将路让给这位老师，然后又用有一点低声下气的姿态，对这位老师表达尊敬。

我这样做，无疑是在传递一个信号——"你可以瞧不起我"。

结果，正好他有一个相应的内心，于是他真的表达了对我的蔑视。

相反，我有两个同学用另外的方式对待他，结果获得了他非同寻常的尊重。

一位同学是个子很小的女孩，她最初跟他打招呼时，他一样是一扭头，看也不看一眼就走了。这个女孩也有受伤感，但她没有被这个感觉征服，相反，她腾腾腾地跑几步，跑到这位老师眼前，堵住他的路，再用比刚才大几倍的声音大喊一声："老师！您好！"

从此以后，这位老师每次见到这个女孩，会主动先跟她打招呼："某某，你好！"

另一位同学是男生，他最初跟这位老师打招呼，也毫无例外地遭遇了被蔑视的经历。后来，第二次见到这位老师时，他稳稳地站在路中间，对这位有顽固的"蔑视学生"情结的老师，用很自信的声音说："老师，您好！"

这位老师的路被堵住了，他不得不给出回应"你好"，否则得绕到一旁，但这不是他的性格。

同样的，从此以后，每当见到这个男生，这位老师也会主动说"你好"。

并且，很有意思的是，这位老师唯独对这两个学生非常好，后来他们找工作他还帮了大忙。

我在教这位老师蔑视我，所以他蔑视我。

我这两位同学在教这位老师尊重自己，所以他尊重他们。

这真的是一个真理，你绝对可以教别人怎么对你。用咱们老祖宗的话说，每个人都是有气场的，你可以认同别人对你的投射，而被对方的气场压过，你也可以让他们认同你的投射，让你的气场征服对方。

　　说到这里，我想起一个更经典的故事。

　　1996年，我参与"希望工程"的一个活动,要用心理学的方法,从来自全国22个省的22个"希望工程"捐助生中选出3个最优秀的孩子，他们将代表"希望工程"去美国参加当年的亚特兰大奥运会的火炬传递。

　　一天，我们安排了表演节目，让这些孩子们表现他们的文艺才能。最先给我留下深刻印象的，是藏族女孩让英，她唱了一首歌，一开始就将嗓子拔到了最高点，无比流畅地唱完了这首歌，那是天籁之音，绝对不比任何专业歌手差。

　　但给我留下最深印象的，却是来自贵州的一个男孩。他唱的是《大中国》，他嗓子也很亮，但一开口就严重跑调，还跑得非常怪异，令全场人哄堂大笑。然而,就在这种笑声中,他脸不红心不跳，稳稳地按照自己的节奏，将这首歌唱了下去。记忆中，这首歌的歌词要重复唱3遍，而他硬是用他那种怪异的跑调声从容地重复了3遍。

　　逐渐的，我们的哄堂大笑变成了寂静，最后是所有人鸦雀无声，唯独这个小男孩难听而嘹亮的歌声响着。等他唱完时，我们给予了长时间的热烈的掌声。

　　我们被他征服了。

一开始,我们的哄堂大笑也是一种投射:"小家伙,你唱得好难听啊。"如果他认同了我们的投射,他就唱不下去了。而他无比从容地唱下去了,最终我们都被他的自信征服了,我们认同了他投射给我们的自信,从而给了他无比热烈的掌声。

自信与自卑,看起来是需要资本的,但根本上,自信与自卑不是由你所具备的条件决定的,而是由你的内心决定的。

你真的可以无条件地自信!

# 了解别人是有秘诀的

有时，我会炫耀自己有一眼断人的本领。

其实，学心理学久了后，大家都可以拥有一定程度的识人的本领，可以很快地了解别人的内心。

这是有秘诀的。要掌握这个秘诀，就需要谈谈性格是怎么回事。

譬如，我那位老师的性格是孤傲，我的性格中有一点自卑，我那位大学女同学的性格是很有韧劲，而我那位大学男同学的性格则是自信。

孤傲、自卑、韧劲、自信……怎么可以更深地理解这些性格呢？

现代心理学对性格有一个特别的定义：性格是一种内在的关系模式。先是我们内心中藏着一种内在的关系模式，当我们和别人建立关系时，这种内在关系模式就展现在我们和别人的外部的人际关系中。

就拿自信来说，自信在通常的理解中，即"自己相信自己"。就好像，自信就是一个人的事，自信是一个人固有的特点。

但是，假若你们对逻辑学有一点了解，就会知道，不存在"A相信A这回事"，存在的只能是"A相信B"。对自信的真正解读，是"内在的这一部分相信内在的另一部分"。

如此说来，自信这种性格，就是"内在的这一部分"与"内在的另一部分"两者之间形成的彼此相信的关系模式。

这是抽象的说法，形象的说法则是"内在的小孩与内在的父母彼此信任的关系模式"，更准确的说法则是"内在的小孩对获得内在的父母的爱充满信心"。

内在小孩、内在父母，这两者是现代心理学中很常见的概念，尤其是在科普性质的心理学书中，这是两个最常见的概念。我的畅销书《为何家会伤人》，基本上都是在讲"内在的父母"与"内在的小孩"的关系。

所谓内在的父母，即幼小的时候，父母或其他养育者的形象在你心中留下的印记。

所谓内在的小孩，即幼小的时候，你作为孩子的体验在你心中留下的印迹。

对心理学有了解的朋友会知道，弗洛伊德的心理学理论的一个基础即童年决定论。意思是，一个人的性格是童年决定的，并且主要是在6岁前定型的。

那么，决定一个人性格的最重要的东西是什么呢？

答案是，父母与孩子的关系模式。

童年时，父母与孩子的关系模式内化到孩子内心深处，成为其性格。长大以后，这个关系模式又外化到我们与别人的人际关系中。

要认识一个人的内心，可以反过来看，即，通过一个人想与我们建立什么样的外部人际关系模式，可以看到这个人内在的关系模式。

如果你真正认识到了这一点，你就可以非常迅速地发现人际关系的奥秘。

2003年，我在一个论坛上和一个小老板论战，他发表了一个帖子《我为什么不招应届大学毕业生》，列了应届大学毕业生的14个缺点，如：

让一个大学毕业生去买复印纸，价都没讲就买了回来；

让大学毕业生去谈判，100万元的生意谈到了150万元，是他付给对方，但并不是最关键环节中，还可以继续商议；

安排了宿舍，提供了洗衣机洗衣粉，但他们不洗衣服被褥，臭味熏天；

没有规定着装，结果男孩穿得像流氓，女孩穿得像妖精；

……

看起来，这位老板说得有理有据，很有说服力，但是，我站在现代管理学的角度看，觉得他是很明显的用人不当，而且不懂管理，于是发帖子，一一反驳了他：

让一个不爱讲价的人去买东西，这是用人不当。譬如我，如果你招了我做员工，别说让我买复印纸，就是让我买汽车，我可能也是不讲价。有实例为证，一次我去买专业相机，老板说卖17200元，我的预算就是17000元左右，心中大喜，但还是问了下，可以减200元吗？老板说不减，我一点都不心疼地立即就掏钱买了下来，而我爱讲价格的女友在旁边都还没反应过来。

也就是说，如果让我这样的人去买东西，会死得很难看，但假若让我来招人识人、写文章、做战略规划等等，那我会是极其出色的。我是不是人才，很关键的一点是，你如何用我。

第二点，关于谈判，刚毕业的大学生谁有谈判经验？你这样用人也是明显不对，除非你抱定了主意让他们练手。

第三点与第四点，只要你做出相应的规章制度，那我相信他们作为员工会遵守。

接下来，这个老板又写了一篇文章反驳我，譬如第三点和第四点，他反驳说，我又不是他们爸妈，我凭什么管他们这些。我又写一篇文章反驳他，说，既然你不想管，你发什么牢骚呢？

辩论过程中，他有了一大批粉丝，我也有了一些粉丝，最后我的一个粉丝下了一个不错的断言，说假如我们俩都开大公司，堂堂正正作战，那他绝对不是我的对手，但假如我们都开小公司，那我斗不过他。我想想也有道理，就没再继续争论下去。

到了2005年，我开始在《广州日报》主持心理专栏，有一天想起这个个案，突然发现自己忽略了最重要的一点：这位老板，尽管那么讨厌大学毕业生，但他招的大学毕业生中，他没有开除过一个人。有人受不了他辞职了，而辞职的人他承认都是有脾气的，有脾气的也多是牛人。

那么，既然走的都是牛人，留下来的就是窝囊废了？！他为什么要留下窝囊废？

这是因为，周围都是窝囊废是这位老板的特殊需要，他喜欢构建这样的外部人际关系模式"我最行，你们都是垃圾"。

他为什么会构建这样的外部人际关系模式，那是因为他有这样一个内心"内在的父母行，内在的小孩不行"。我可以大致判断，这位老板童年时父母对他相当严厉，而父母对孩子严厉，不断地去管教孩子，让孩子听父母的，这自然是在构建这样的人际关系模式——"父母是对的，你是错的"。

作为一名员工，假如你遇到这样的老板，那么你会很郁闷，而你之所以会感到郁闷，是因为你被他套进了他的人际关系模式中。你可以试着站到他的背后，看到这是他自己的问题所在。如果你真的做到这一点，那么你的郁闷就可以消失一大半。

据统计，中国 85% 以上的老板们小时候都被父母暴打过，所以你有很大的概率在未来碰到这样的老板，你可以提前做好准备。

## 自卑是怎么回事

一个人想与你建立什么样的关系模式,这反映了他的内心。

一个人能与你建立什么样的关系模式,也是由你决定的。

本章第一小节和第二小节,假如完整表达,可以换成以上两句话。

说起来,人其实是有些可怜的,我们常常认为是自己的主观意识决定了什么,但实际上,我们在与别人交往时,多数时候不过是在重复小时候我们与父母等亲人打交道的方式而已。

并且,这种重复真的会一一对应,非常具体。

前文我谈到性格是"内在父母与内在小孩的关系模式",其实这只是一个基本说法,完整的说法是,性格浓缩着我们童年的一切人际关系,尽管主要是我们与父母的关系模式,但也有我们与兄弟姐妹、我们与爷爷奶奶、我们与姥姥姥爷、我们与其他亲人，乃至我们与宠物的关系模式。

例如，你可能与男性老师的关系处不好，却与女性老师的关系不错。那么你想想，你是不是与父亲的关系不好，而与母亲的关系不错？

如果答案是肯定的，可以说，你是将"内在父亲"投射到了男性老师身上，结果你与男性老师的关系就重演了你与父亲的关系模式。

例如，你可能与男性老师关系不好，但你与男同学的关系不错。那么，你是不是与父亲的关系不好，而与兄弟的关系不错？

例如，你可能与女同学关系不好，但与女性老师的关系不错。那么，你是不是与姐妹存在着强烈的竞争关系，而你却独占了妈妈的宠爱？

……

一次，我作为评委在一个电视台参与一个选秀活动，一位做DJ的女选手唱了一首歌，很专业很好听。选秀活动结束后，我与她聊天，这时一个十来岁的小女孩跑过来，很崇拜地仰望这位美女说，姐姐，你歌唱得真漂亮。

这位美女摸了摸小女孩的头说，小妹妹，你也长得好可爱。但她接着用手指着小女孩的鼻子说，哎，你这儿怎么有个雀斑啊？

小女孩听了这句话明显很受伤，跑了。

这位美女作为一个大女孩挑剔小女孩的长相，就构建了一个

105

"我这个大女孩比你这个小女孩漂亮"的人际关系模式，那么可以推断，这位美女的内心有一个相应的内在关系模式，譬如很可能，她家里有个妹妹或姐姐，而她与妹妹或姐姐存在着相貌竞争的关系。

并且，我还发现，这位美女和比自己年长的女性也不能很好相处，那么也可以推断，这位美女和自己的妈妈的关系也不怎么样。

但是，我与她相处感觉很舒服，那么可以推断，她小时候与家里男性的关系尚可。

按说，这个大女孩相貌漂亮，歌唱得很专业，她应该很自信才对，但如此失控地去挑剔崇拜她的小女孩的相貌，让小女孩感觉自卑而跑掉，那么我们可以推断，这个女孩自己的内心很自卑。

什么叫自卑呢？如果说自信是"内在的小孩对获得内在的父母的爱充满信心"，那么自卑就是"内在的小孩对获得内在的父母的爱没有信心"。

自卑与自信，其实是由我们小时候获得的爱的多少决定的。如果从父母那里获得了足够多的爱，那么不管一个人的外在条件如何，他都会很自信。

相反，如果从父母那里没有获得多少爱，甚至相反是被蔑视、被伤害甚至被虐待，那么不管一个人的外在条件如何，他都会很自卑。

所以，不要被一个人的外在迷惑。

作为男孩，假若你以后想追求一个条件优秀的女孩，你不要以为，她条件如此优秀，所以她会很自信，所以她会很难追。你要看看她的童年，了解一下她的家庭背景。

同样的，作为女孩，如果你想追求一个条件卓越的男孩，你也不要以为，他会很自信，所以很难追，你也要去看看他的童年。

通常而言，童年越是爱多，一个人就越是难追。他们是很难追到手的，他们会相信自己的感觉，凭感觉去找到适合自己的人。如果他们觉得你是他们想要的，那他们可能很快接纳你。如果不是，那么可能无论你怎么努力，都是没有用的。

相对而言，童年越是爱少，一个人就越容易追。只要你对他很好，他就很容易感动，而暂时接纳你。但是，这样的人一开始是容易追到，以后会很难相处，因为他们会过于敏感。

如果你是一个很自卑的人，你可以回溯一下自己的童年，明白它是如何形成的。明白自卑是源自缺乏爱后，你才有可能真正突破自卑，而走向自我接纳。

# 你的人生是你创造的

我们很容易将注意力放到别人身上，尤其是很容易责怪别人，好像自己的人生是别人导致的似的。

但你的人生一定是你自己创造的。

因而，改变人生格局的关键是发现自己如何创造了自己的人生。

在这一点上，心理学有一个术语特别有价值——自我实现的预言。

所谓自我实现的预言，即，一旦你做了某个预言，你就会爱上这个预言，假若事情没有朝向你预言的方向发展，那么你会不高兴，从而制造一些事情，让事情朝向你预言的方向发展。

高中的时候，我们班一个男同学常考年级第一名，依照这个成绩，他肯定可以上北京大学或清华大学，但他说，能上南开大学、天津大学就不错了。

果不其然，最后他的高考分数只能上南开大学。

不过，后来他又有了新的预言——我一定要去世界上最好的大学看看，最后他去了美国宾夕法尼亚州立大学的商学院。

有时候，看一个人的未来，你只要认真听这个人怎么说话就可以了。

譬如，一个女人对我说，男人都不是好东西。那我就会知道，这个女人的生命会很不幸，因为她已经遇到的和即将遇到的男人真的都不是好东西。

一个很经典的故事。某大城市的一位女性，是一个级别蛮高的公务员，长得很好看，人也看上去很善良贤惠，按她的条件，似乎应该过幸福的生活，但是，她经常鼻青脸肿地去上班。原来，她的丈夫打她。

第一任丈夫打她，她离婚了。

第二任丈夫打她，她又离婚了。

第二次离婚时，她已40岁，她心灰意冷，说再也不结婚了，因为男人真的都不是好东西。

不过，有一个好东西喜欢她。一位男士多年以来一直爱她，她离婚后，更是对她穷追不舍，而且据了解，这位男士是一位好好先生，别说打女人，就是和女人吵架的事都没发生过。

又爱自己，又是一个好东西，那还有什么好说的，结婚吧。这个女人第三次结婚了，但结婚两个星期后，就给朋友们打电话说，她又被打了。

我的一位心理医生朋友，也是她刚认识的朋友，被她打电话叫去家里。在她家中，她的朋友们都在质问那个男人，你不是爱她吗，你难道不知道她过去有多痛苦吗，你为什么偏偏这样对她？

我的心理医生朋友没有参与到批评男人的队伍，而是问他们夫妻：请你们告诉我，细节是什么？

细节是魔鬼。

她一问，果真出来了魔鬼般的细节。细节是，他们吵架，因为鸡毛蒜皮的事，吵着吵着，女人对男人说，你是不是想打我了，像某某某打我一样？

怎么会呢，男人说，今天和你吵成这样我都纳闷，我从来不和女人吵架的。

你就是想打我，女人说，你打啊打啊，你不打不是男人。

男人仍然保持着自己好男人的个性，没有动手。但女人逐渐陷入了一种歇斯底里的状态，开始一遍遍地说："你打啊打啊，你不打不是男人……"

最后，男人脑子里一片空白，一拳挥了出去。

这个女人为什么要这样做？她看起来是找打。

其中的道理如果细致解读的话，那会相当复杂。最简单的解读可以借用"自我实现的预言"，她已经预言了男人不是好东西，但现在，在她眼前就有了一个好东西，这个好东西的存在颠覆了她的预言，令她感觉到不自在。是改变自己的预言去过幸福生活，还是改变这个好东西去过自己早已习惯的生活并维护自己的预言呢？

这个女人选择了后者。

试着去观察你自己，你会发现，你真的会去捍卫你自己的预言。我们对自己预言的热爱，远胜于对幸福与快乐的渴求。

不过，这是在不了解自己的情形下，如果了解了自己在做什么，我们就可以改变自己的命运了。

所以，注意你那些经常挂在嘴边的消极预言，注意那些经常在你心中浮现的消极预言，试着将它们变成积极的预言。

一开始，你可能会很不喜欢这些积极的预言，但假若你继续下去，这些积极的预言就可能在你心中扎根，那时，你仍然是活在自我实现的预言中，但你的人生将是在追求幸福与美好的道路上。

## 警惕你的选择性失明

与自我实现的预言相伴的另一种心理是,选择性注意。

你做了一个预言后,你的注意力就会集中在符合你预言的信息上,而那些与你的预言不符合的信息,你会忽略。

因为有了这样的心理机制,自我实现的预言才会发生。

消极自我实现的预言和选择性注意在一起,会严重扼杀我们的幸福。

例如,假若你处不好人际关系,那一定是因为,你心中有一个预言"我不够好,我不值得别人爱"或"别人不会喜欢我的"。

有了这个预言后,相应的选择性注意,即你的注意力多数都集中在别人如何对你不好上。你会变得很敏感,好像别人对你稍有不周到的地方,就会刺中你内心早已存在的感慨——原来我真的是不值得爱的。

这样一来，别人和你打交道就会出现两种情形。

第一种情形是，那些有着"我行，你不行"的人见到你，就像猫见到老鼠一样变得很兴奋，他们会追着羞辱你、蔑视你乃至攻击你。他们不需要交谈就可以嗅到你有"我很糟糕"的心理，于是他们可以淋漓尽致地将自己心中的垃圾投射到你身上，你越是自卑越是因此而痛苦，他们对你的攻击就越是强烈。

因此，青春常常是残酷的。

并且，青春期的残酷与成年后的残酷不同。青春期的残酷常常是没有什么目的，也没有什么底线。那些充满攻击性的问题青少年，见到那些超级自卑的同龄人，他们会没有克制地发起攻击。假若自卑者不能奋起反抗，那么这种攻击可能会一直进行下去，而且还会不断升级。

如果你面临着这样的情形，要么你去寻求成年人的保护，要么你用学习奋起反抗。

寻求成年人的保护时，你要先观察一下，看看到底谁能保护你。通常，假若你是这样一个孩子，那势必有你父母的责任，而你的父母可能从未学习过认真听你讲话。那么，你需要用一些特定的方式很清晰地告诉他们，你现在非常痛苦，你需要他们保护。譬如，你可以用写信的方式告诉父母。

或者，你也可以找一个能对你父母说话的成年人，先将你的事情告诉他，再让他转告你的父母，而且形式越郑重越好。

我知道很多故事，孩子在学校被欺负得很严重，跟父母去讲，结果孩子讲得有点犹犹豫豫，父母也听得不耐烦，于是父母根本就不知道，事情严重到了什么地步，甚至反而会斥责孩子说，你的事你去解决。如果你有这样的父母，要么你去找别的成年人保护自己，要么你用一些特殊方式让父母知道，你现在的情形有多严重。

自然，肯定还有另外一种办法，那就是你自己来解决。你可以学习一下拿破仑的故事。

拿破仑是科西嘉岛人，他去法国本土读书后，因为他是外地人，又因为个子小，所以总是被一群男孩欺负。几次被欺负后，他决定好好反击一下。

他又遇到那几个男孩，他们大笑着来欺负他，而拿破仑已决定，其他的男孩他不管，他就要死死地抓住其中那个最弱的，狠命地攻击他。他真这么做了，其他男孩打他，而他追着那个最弱的狠命攻击。最后，他把这群男孩吓坏了，他们从此以后再没有欺负过他。

问题少年之所以会欺负你，那首先是因为，问题少年自己有问题。

问题少年之所以能欺负你，那也是因为，你让他们觉得他们可以欺负你。

但是，假若你用行动告诉他们，你是不可欺负的，那么，他们会停手，因为没有谁愿意做没用的事。

第二种情形是，正常的孩子和你打交道时，他们会感到疲惫甚至厌倦。因为你有"别人不会喜欢我"的预言，所以你会对符合这个预言的信息特别敏感。结果是，别人为你做了 10 件事，9 件是好的，1 件是不好的，你可能会对那 9 件好事视而不见，而这 1 件坏事会特别刺激你。那么，就算你不把这不满告诉别人，别人也会感受到你的敏感。他们会觉得，和你打交道真累，因而疏远你。

这种格局，真的是你自己造成的。

怎么改变这种格局呢？

首先，是看到消极的自我实现的预言在作祟。

接着，试着好好去体会别人对你好时的感受，看看这种美好的感受会在你身体什么部位有反应，然后将注意力集中在那个部位，譬如你可以将手放到那个部位，这样可以很好地帮助你，不光在心理上也在身体上体会别人对你好的美好感受。

在体会的时候，你也可以对自己说："我是值得爱的，我爱我自己。"

无数人不够幸运，童年没有获得足够的爱，这导致他们有了很多消极的自我实现的预言，但我们都有一份幸运——我们可以自己努力来改变自己的预言。

## 内向与外向

内向与外向，是衡量性格的一个很重要的指标。

它们又是怎么回事？

大学一年级的时候，我发现我都内向到了自闭的份上，于是决定改变自己，最终花了5年时间，终于在研究生二年级时，将自己变成了一个比较均衡但稍偏内向的人。

有一段时间，大约是在大学三年级下半年时，我变成了一个非常外向的人，而且，不只是外向，我还变得极其幽默。

正是在那一段时间，我的朋友一下子多了起来，不光是同性朋友，异性朋友也多了很多，差不多每天都有五六个人到宿舍里来找我。因而，其貌不扬的我竟然获得了"花花公子"的称号。

不过，外向而幽默的"我"只存在了四五个月时间，后来我

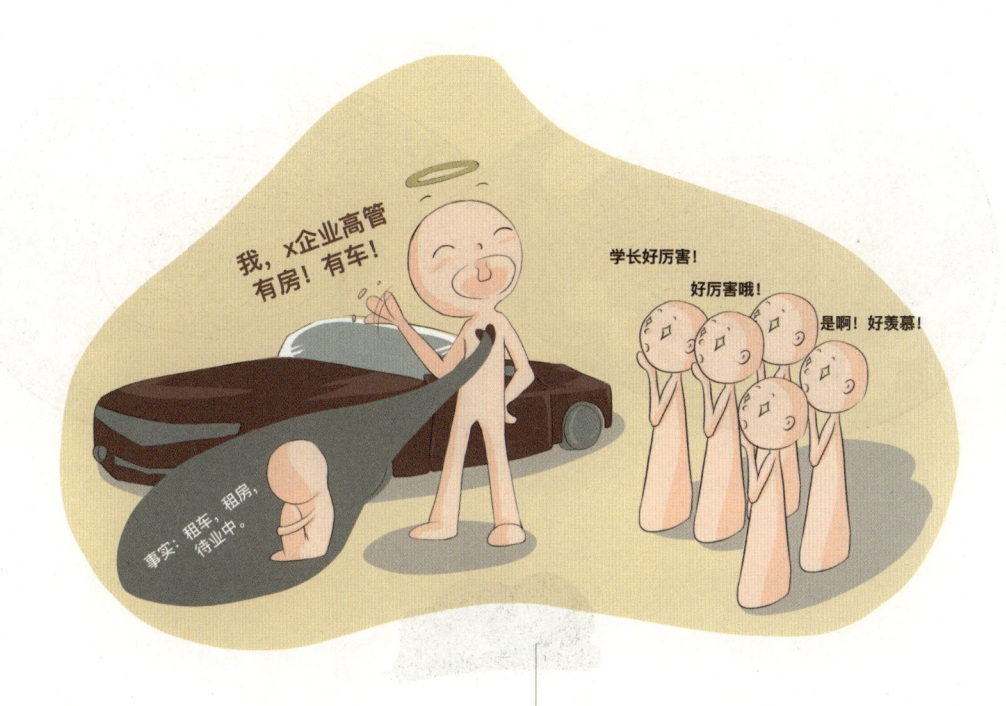

自卑是对自大的掩饰：这样的自大已经到了杀死他人和摧毁世界的程度。当然，这说的是潜意识层面的。

所有内向外向、感性理性、敏感迟钝的判断，都是催眠和自我催眠。每个人都不是一件成品，而是制造过程本身。都在路上，都没到终点。

觉得好累，也觉得那不像是我自己，于是又变了回来。

2008年，作为心理医生，我去找其他的心理医生给我做治疗，虽然没有谈到内向外向的问题，但我回想起外向而幽默的时光，一下子明白了，内向和外向是怎么回事，并写了《内向是对内向者的保护，外向是对外向者的嘉奖》一文。

这是什么意思呢？

首先，我明白了，我不必再抵触自己的内向，相当长一段时间，我都因内向而有些自卑。但那时，我明白，内向是对我的保护，因为我有一个问题，我是一个好人，别人有求于我时，我很难拒绝，但要我求别人，那会很艰难。

因而，我建立的人际关系，多是别人有求于我，而我极少求人，如此一来，每建立一个人际关系，对我都是一种损耗，所以我最好维持一定数量的人际关系，否则我会损耗太大。

在强行变成外向而幽默的那几个月，我收益很大，尤其让我满意的，是我的异性缘一下子变得非常强。但是，我没有改变自己帮人容易求人难的特点，那时建立的人际关系多是损耗型的，而又有了那么多人际关系，所以我会很累。

其次，我明白了，外向的人会有一个巨大的嘉奖。

很有意思的是，内向到自闭的我，喜欢的女孩都是极其外向的，而她们和所有外向的人都有一个好处——别人很喜欢她们。

在审视这些外向者时，我有时会觉得他们偏自私，他们在求别人为自己办事时，常常非常直接，甚至是理直气壮。这是我的死穴，我有时对他们的这一点感到很难受。

但是，恰恰是因为这个世界上有那么多内向的人，所以外向的人才存在。

因为，最可怕的感受是孤独，内向的人多孤独。他们渴望亲密，但他们走不出去。一般人在突破他们的壳时，稍稍遇到阻碍就会后退了。然而，外向的人似乎都看不到这个壳。他们甚至是一脚把内向者的壳踢碎，强行将他们拉出来。这时，内向者就不再那么孤独了。

明白这两点后，我再看周围的人，发现这是一个相当普遍的道理，多数内向者无法求人，多数外向者很容易让人帮助自己。当然，这不是绝对的规律，也有不少内向与外向的人不符合这个规律。

并且，非常有趣的是，外向的孩子的家庭中，父母至少有一人是内向的。假若一个孩子外向到极点，那么你甚至可以断言，他的父母中至少有一人是内向到极点的。

同样的，假若一个孩子内向到极点，那么你可以推断，他的父母中至少有一人是外向到极点的。

世界是平衡的，人也是平衡的。当父母中的一个人非常外向或内向时，他就失去了平衡，这时就要一个和自己相反的孩子来平衡。

内向的人通常都渴望变得外向一些。对此，我想说，关键不是拼命地去和别人打交道，关键是学习如何接纳别人对你的好。一般内向的人会难于求人，而超级内向的人，他们不光是难于求人，他们还会拒绝别人的善意。如此一来，他们在人际关系中只有损耗，而其他人屡屡被拒绝也会不爽，他们会变得更孤独。

关于极其外向的人，我也想多说一点。

可能是因为我内向，所以我的朋友中有蛮多极其外向的人。假若最外向是 10 分的话，他们的外向程度好像用 10 分来形容还不够，得要到 12 分甚至 15 分。

但是，我最后却发现，这些极其外向的人，实际上是最内向的，他们的很多心事，在我看来没有什么，但他们却保守着非常多的秘密，以至于他们最好的朋友都不知道。甚至，他们会向我袒露，他们实际上一个人都不相信。

如果你是一个极其外向的人，请你看一下自己，你是不是也是守着太多的秘密。如果是，我建议你试着将那些分量最轻的秘密向别人袒露。

很有趣的是，当极其外向的人学会了向别人袒露秘密后，他们的性格会变得均衡一些，不再那么外向了。

就好像是，外向像是在演戏，演给周围的人看，好让别人不知道，原来自己心中还有那么多秘密。

## 付出与索取

　　经常，你会听到，能够付出的人是伟大的，只知索取的人是卑鄙的。

　　但是，如果是仅仅付出，或者是仅仅索取，都不能建立很好的人际关系，人际关系重要的是付出与索取的平衡。

　　付出伟大，索取卑鄙，这是一种表面上的道理。

　　实际上，付出者会有一种伟大感，他们会觉得自己更有权利向别人要求点什么。

　　相反，索取者会有一种愧疚感，他们会觉得自己矮了别人一头。

　　有时，索取者会表现得似乎完全没有廉耻感，明明是他们索取，但他们的表现却像你仍然欠他们似的。

　　然而，以我的了解，索取过度的人，常常是被愧疚感给击垮的人。他们不容许自己有一点愧疚感涌出,因为涌出一点愧疚感,就意味着心中隐藏着的所有愧疚感都要涌出,那会成为他们不能承受的重量。所以,他们会表现得没有一点愧疚感。

作为孩子,你们与父母及其他养育者之间最容易建立这样的关系模式,大人们是付出者,而你们是索取者。

甚至,大人们看起来是彻底的付出者,而你们看起来是彻底的索取者。

一定不要把人际关系变成彻底的付出者与彻底的索取者,否则那对于双方都是一场噩梦,主要是,索取者承受不住自己的愧疚感,他们开始崩溃。

我有一个个案,她是 16 岁的女孩。一次,她对我说,她非常自私自利。

这是真的。我问她,如果最自私自利是 10 分,你觉得自己有几分。

她说,9.5 分。

我接着问她,你父母的无私是几分。

她说,妈妈有 9 分,爸爸有 8.5 分。

她这样说的时候,隐隐有一点愧疚,但只是一闪而过,接下来她脸上又是那种无所谓的表情。

我继续问她,有没有想过,这样才能平衡。

她说,不明白,你是什么意思呢?

我解释说,你的父母都是付出型的,他们都是通过付出与别人建立关系，而你想与他们亲近，你能亲近他们的方式就是接受他们的付出，于是，你变成了一个索取者。

看起来，索取者是很爽的，不劳而获。但其实，索取者承受着罪恶感，他们内心深处对自己的评价非常低。

看起来，付出者是很亏的，他们太辛苦。但是，付出者心中有一种自豪，他们觉得自己是"圣人"，他们可以理直气壮地谴责别人。

我不知道，你们与父母、爷爷奶奶、外公外婆或其他亲人之间是否有这样一种关系模式。如果有，你果真是一个索取者，并且你的确内心为此而煎熬着，那么，试着从纯粹的索取者角色中走出来。你可以拒绝大人们对你过度的付出，也可以将他们对你的过度的爱转移给别人，譬如需要帮助的人。

许多声音会对"90后"有一种误解，觉得你们有最好的生活条件，有最多的宠爱，而你们却不劳而获，还不知道感恩。

但是，我知道成为一个索取者的痛苦，那份隐蔽的愧疚真的可以杀死一个人。

通常，付出者之所以成为付出者，是因为他们觉得需要与欲望是不好的。这要么是他们的家人和社会这样教导他们，要么是自己小时候实在太贫穷了，需要与欲望没有办法得到满足，最后，自己放弃了期望，不再有太多渴求。

但是，他们内心会有一个嗷嗷待哺、充满渴望而又严重被压抑的"内在小孩"。

于是，他们将这个没有被满足的"内在小孩"投射到自己孩

PART 3 / 不要活在别人的观感里

子身上，拼命地去满足自己孩子的需要。

还记得我那个导演朋友的故事吗？他的奶奶一再劝他多吃，最后他被撑得受不了，一到吃饭时间就满院子乱跑。很可能，他的奶奶在自己童年那种兵荒马乱的时候，作为一个孩子的种种需要严重没有得到满足，于是，她把自己的内在小孩投射到孙子身上，拼命喂养孙子，就好像可以一并连自己的内在小孩也可以喂养似的。

从鸦片战争到"文革"结束，我们整个民族一直处在岌岌可危的状态，物质一直严重匮乏，直到20世纪90年代，我们整个民族的小孩子们才可以得到充分的满足。可能是因为这种背景，几代同堂的家庭中，大人们都会拼命去喂养"90后"的孩子们。但当他们这样做时，只不过是将自己的内在小孩投射到"90后"孩子身上而已，至于"90后"孩子的真实存在，他们就看不到了。

如果你处于这样的情形中，你可以很清晰地对大人们说出你们的感受：

> 我的需要是这样的……
>
> 我够了……
>
> 你们照顾我太多，我会很难受……
>
> 你们想过我的难受吗？你们只知道拼命满足我，但你们根本不知道我的需要是什么……

# PART 4

## 不叛逆，无独立

很多父母期待孩子替自己活出梦想，你不情愿或对着干，就是叛逆。其实你只不过是在想，你的人生你做主。叛逆，是为了闯出一条路来，如果早就有了一条路，还叛逆个什么劲。

# 叛逆，只是为了做自己

青春期，被称为第二个叛逆期。

第一个叛逆期，是 1.5～3 岁。

第一个叛逆期，小孩子常说两句话："不！""我来！"

第二个叛逆期，也许你们都不能直接这样表达了，但你们心中会隐藏着这两个声音：

1. 对大人、权威和主流说"不！"

2. 向所有人乃至这个世界表示：我自己说了算。

叛逆，这个词是有问题的。

叛逆，是从父母、权威和主流的角度来看的，父母或权威希望孩子们按照自己的意思去行动，而孩子们表现出不情愿甚至相反的意思来，于是被他们视为"叛逆"。

PART 4 / 不叛逆，无独立

但是，从孩子自己的角度看，没有叛逆这回事，他只不过是在想，我的人生我做主。

世界各国的研究均发现，到了青春期，青少年们与父母的冲突变得强烈了很多。加拿大的一项研究则发现，40% 的青少年报告说，他们和父母一周内至少有一次冲突。

还有研究称，青春期是父母与孩子之间冲突最激烈的时候，青春期一过，这种冲突就减轻了。

为什么会有如此强烈的冲突？答案很简单，青少年们在这一阶段迸发了强烈的生命热忱，而这种生命热忱不能按照别人规划的蓝图来发挥，它要按照它自己的主人的方式来表现。

其实，假若青少年们能够一开始就是我的人生我做主，那么就不必有叛逆期了，因为没有必要了。

叛逆，是为了闯出一条路来，如果早就有了一条路，还叛逆个什么劲。

譬如，逃学就是一种常见的叛逆。读大学时，我们宿舍的哥们都对逃学的经历津津乐道，好像那是中小学时期最有意思的事情。这可以理解，因为他们觉得，读书在相当程度上是为了父母，那么，不读书才是为了自己。读书是委屈了自己的意志，而逃学就是放纵自己的意志，所以，逃学才显得那么有意思。

然而，对于我而言，读书是我爱读，哪怕像政治这样的科目，我都能读得津津有味，既然如此，干吗要逃学。如果说别人逃学是为了做自己，那么我逃学就反而不过是跟着逃学的同学们随大流而已。

如果你的父母有巴菲特父亲那样的智慧，那么你就不必有叛逆。

如果你的父母有强烈的控制欲望，希望你按照他们的意思去生活，那么你一定会有强烈的叛逆倾向。

这种叛逆倾向，有时能活出来，有时会被压抑，而我会向父母们建议，最好让他们在这个时候活出来，否则到了成年后才活出来，那会非常可怕。

例如，一个男人，他40岁时决定和各方面条件都很不错的太太离婚，理由是："我之前的人生是活给父母看的，我觉得白活了，从此以后，我要活给我自己，很抱歉，当年和你结婚，也是给父母看的，所以我想离婚。"

所以，当遇到孩子叛逆时，心理医生们常对父母们说，这是一场战争，是他们发起的独立战争，你一定会输，你最好早一点接受这一点，否则你只是看起来赢了，但最后你会输得更惨。

要做到这一点并不容易。别说青春期孩子们的独立，有些妈妈，孩子在第一个叛逆期时的表现就会让她们抓狂。

很多心理学家发现，有些妈妈有"迷恋婴儿综合征"。她们的孩子还不到一岁半时，她们是合格的妈妈，对孩子疼爱得不得了。但孩子一岁半后，她们会有强烈的渴望再生一个孩子。最后，她不能生了，她就会去找左邻右舍家的小Baby，替人家抱孩子。

为什么会这样？

PART 4　不叛逆，无独立

　　关键就是，这些妈妈受不了进入第一个叛逆期的孩子对她们说："不！""我来！"她们会特别怀念孩子咿呀学语又说不清，蹒跚学步又走不远的状态，当孩子有能力走向独立并不顾一切追求独立时，她们就会失望，渴望再找一个小婴儿来照顾。

　　如果你在青春期特别叛逆，那很可能是，你在第一个叛逆期没有完成独立的任务，所以你要在青春期继续去执行这个任务。

## 父母与孩子的完美关系模式

在第一个叛逆期，父母处理孩子叛逆的成本是非常低的，做妈妈的只需要遵从一个原则即可：

守在孩子旁边，让孩子自己玩耍。除非很有必要，否则不要去干涉孩子玩耍的过程。

玩耍是孩子探索世界的方式，如果孩子能感受到他是在自由地探索世界，他就不需要叛逆了。

假若孩子顺利地度过了第一个叛逆期，那么，当第二个叛逆期到来时，他不会有特别强烈的叛逆行为。

相反，假若孩子在第一个叛逆期都处于压抑状态，他发现，他不能对妈妈表示"不""我自己来"，他只能偷偷地进行叛逆。甚至，他在叛逆时，他意识上都不知道自己是在叛逆。那么，在第二个

PART 4 / 不叛逆，无独立

叛逆期，孩子就会有很多过度的叛逆行为或奇特的叛逆行为。

这时，做父母的会面临着比第一个叛逆期时严峻很多的挑战，但若想孩子更顺利地度过叛逆期，父母仍然需要学习前面的原则——"让孩子自己玩耍"，同时提供低限度的干涉。

如果父母能做到这一点，那么孩子"我的人生我做主"的感觉就可以顺利地涌出来，他蓬勃的生命激情也就可以顺利地绽放。

以上这些话是对父母们说的，如果他们能做到这一点，作为孩子，你真的要感谢命运。

很多时候，父母甚至都意识不到自己需要尊重孩子的独立空间，甚至，你稍微呈现出来的叛逆倾向都会让他们恐慌，于是他们会更严厉地限制你的行为，要求你什么事都要按照他们的要求来。

假若你是一个传统意义上的"好孩子"，你遵从了父母的限制，那会出现什么样的事情呢？

一个17岁的男孩给我写信说，他有一个奇特的情况，常常走着走着就摔倒了，去医院检查，医生说生理上没有任何问题。

我回信问他说，是不是父母对你的控制太厉害了？

他回信说是啊，父母都是大忙人，工作非常重要，但他们仍能抽出大量的时间和精力来管他，譬如几点起床几点睡觉、交什么朋友、穿什么衣服、选什么科目、该有什么喜好乃至未来该读什么学校等等，他们都有很细致而严格的规定。

难怪他会摔倒。身体是心灵的镜子，身体的状况，常常是心理状况向外的反应。对于这个男孩而言，他的人生不是他在走路，是他的父母在强推着他走，这一点最后果真体现在具体的走路上。

他后来写信说，是这个样子，他经常在走路的时候，突然之间意识不到自己的双脚在动，然后就摔倒了。

中国的父母都期望自己的孩子听话，当中国父母夸孩子时，几乎无一例外都会说："我家孩子很听话。"

听话，自然是叛逆的反义词。然而，假若父母控制欲望太强，孩子听话就意味着失去生命力，就意味着自己的精神生命被杀死。用存在主义的话来讲，就是因为他们的人生很少是自己在做选择，所以他们没有自由。没有自由，也就意味着他们白活了。

作为青少年，你们应当明白这一点，你有天赋人权——你的人生你做主。

并且，你只有将这种感觉活出来，你的生命能量才可以释放出来，而这样一来，你的生命从青春期开始，将日益灿烂，而不像我国多数人的人生，似乎只有在青春期才有充沛的能量，而到了成年后，因为不甘心活在而又不得不活在"我的人生你做主"的感觉里，生命能量渐渐消失了。

像巴菲特、比尔·盖茨与韩寒这样的人，他们的生命能量之所以随着年龄的增长而日益增强，就是因为他们拥有这份自由。巴菲特可以因父亲的鼓励而一直懂得尊重自己，比尔·盖茨与韩寒则可以毅然退学而去追寻自己的路。

PART 4 / 不叛逆，无独立

很多时候，你们得到家人和社会的重视也许不够，但这真的可以是一种幸运，因为当你们为自己争取自由空间时，你们受到的压力会小很多，你们可以从现在开始，就去追寻"为自己而玩"的感觉。

## 用更优雅的方式表达「叛逆」

叛逆，最简单的定义就是，和父母或权威对着干。

父母希望自己好好穿衣服，而孩子偏偏愿意穿有洞的牛仔裤，甚至还要在牛仔裤上剪几个破破烂烂的洞才好。

父母希望自己好好读书，自己偏偏读不好书，甚至还对读书讨厌到极点，一看到书本就头疼。

父母希望自己做个好人，自己偏偏像个小流氓，整天和社会青年混在一起，搅动起一些烂事。

父母希望自己有一个良好的作息制度，自己偏偏过没有任何规律的生活，睡得昏天黑地，完全没有白天黑夜的概念。

……

生命的根本动力是做自己。

那么，如果听父母的话就是按照父母的意思而活，是不是走向父母意志的对立面就是做自己了？

这是叛逆产生的根本原因。

但其实，在哲学上讲，A 和 –A 根本上是一回事，你变成 A，是活在父母的意志中，你刻意地走向 –A，也仍然是在与父母意志较劲，这样还是没有走出父母意志的影子。

所以，真正要活出自己，就需要找到第三条路。

不过，我不想完全否定叛逆。每当有父母对我说，他们的孩子很叛逆时，我都会说，这很好，这显示他们很有生命力。

有时候，叛逆是在提醒自己，我才不会按照别人的意思活着呢，所以你刻意走到了相反的一面。

但是，你真的需要走出听话与叛逆这对矛盾，发现自己真正的立场。

每一种叛逆行为的背后，其实都藏着一个很积极的动力，你可以找出这个积极的动力，并用优雅的方式来表达它。

譬如，网瘾常常被父母视为严重的叛逆，他们希望自己的孩子戒除网瘾，恰恰是因为中国父母们的这种特殊需要，才在中国催生了达 100 亿人民币的网瘾集中营市场，最后出了杨永信用"电击疗法"等恐怖方法来强制孩子戒除网瘾的事件来。

关于这一点，也许你们已知道，全世界只有中国、韩国和日本才有"网瘾治疗中心"，在其他国家，父母们和社会并不觉得这是个问题。譬如美国，曾开办过一个网瘾治疗中心，但因为没有生意，也有违反美国法律嫌疑，最后关门了。

但不管父母和社会怎么看，你可以先看看你自己，你为什么上网，你上网背后的需要是什么。

如果你上网是为了玩游戏，那或许，你上网行为的动力是希望人生变得精彩一些，那么，你能否在现实中将这种精彩活出来？

如果你上网是为了QQ聊天，那或许，你上网行为的动力是希望自己的人际关系网开阔一些，那么，你能否在现实中多交一些朋友？还有可能，你网上聊天时完全变成了另一个人，那么，你能否在现实中将自己压抑隐藏的一面在一定程度上活出来？

很多所谓的问题行为背后都藏着一个积极的动力，但是，这个动力你可能还没有找到合适的表达方式。甚至，你这个动力处于被大人禁止的状态，你因而才有了叛逆的表达方式。

无论如何，你都可以尊重问题行为背后的积极动力，将它在你的生命中活出来。

## 成长，就是与家分离的过程

我们的一生，就是不断分离的一生。

呱呱落地的那一瞬间前，一个初生婴儿遭遇到了第一个无比痛苦的分离——离开了妈妈无比舒服的子宫，从狭窄的阴道里挤到这个世界上，冰冷的风、嘈杂的声音，还有刚刚体验的痛苦，让他放声痛哭。

但婴儿一开始仍以为妈妈和自己是一体的，饿了，妈妈给他吃的，冷了，妈妈把他紧紧抱在怀里……尽职的妈妈无比敏感，真正是感他所感想他所想，他需要什么，妈妈就在第一时间满足他什么。但很快，婴儿意识到自己与妈妈是两个人，这个心理上的分离比分娩过程还要痛苦。幼儿们发现，自己无法指挥这个世界，甚至也无法指挥妈妈，于是不断地哇哇大哭。

慢慢地，他们开始接受妈妈是妈妈，"我是我"的概念。但是，他们仍然无法接受妈妈会离开自己，去工作、去学习……这些事实。与妈妈和其他重要亲人的每一次分离都是痛苦的，每一次都让幼儿们担心自己被抛弃。

接下来，他们不得不在没有妈妈和亲人陪伴的情况下独自闯世界了，这是一个漫长而痛苦的过程。幼儿园小班开学时，第一次彻底离开家的孩子们总是哭成一片。哭是因为心疼，因为分离带来的实实在在的疼。

再接下来，还有小学、初中、高中……最后，他们彻底离开家。再以后，他们开始组建自己的家。再以后，他们有了自己的孩子，我们要亲自教他们体验分离、学会分离。

无论分离有多疼，我们必须这样做，因为——

分离和爱同等重要，它们是生命中最重要的两个主题，它们一起作用，让一个人成长，让一个人成为他自己。

与妈妈身体的分离是第一次分离，与妈妈心理的分离是第二次分离，而与家的分离，则是第三次分离。

第三次分离，从幼儿园开始直到我们建立自己的小家庭才结束，其中最关键的时候就是青春期，所以很多人会称青春期是"心理断乳期"。

依照我的了解，"心理断乳期"这个词并不准确，因为，从青少年自己的角度看，他们在这一阶段的主要动力是独立，而阻碍他们走向独立，常常不是他们不想"断乳"，而是父母不想与他们分离。

PART 4 / 不叛逆，无独立

一位妈妈给我写电子邮件说，她的儿子 16 岁了，以前他们那种可以分享一切的关系没有了，儿子现在有太多事情想对她保密，是不是他的心理不正常？

我回信说，这是青春期的特点，也是一个孩子走向成熟的必然经历，国内知名的心理学家曾奇峰甚至称，没有秘密，一个孩子就长不大。

我收到了这个邮箱发来的第二封电子邮件，但这次说话的就是一个男孩，他说，叔叔，你说到了我的心里去，我的确想在妈妈面前留有我的一个空间，我不想什么都让她知道。她觉得我这样想有问题，所以要我以她的口吻给你写信，让你这个心理学家来判断一下我是否有问题。没想到你支持我，妈妈不高兴，不愿意接受，但我得说，这是我想要的。

假若孩子与妈妈的分离没有发生，而是两人一直黏在一起，那会如何？

一个男孩，他上初中时仍每天晚上回家和妈妈睡一张床。那个学校全是住宿生，唯独他例外。他的村庄离学校 2.5 公里，每天晚上，他都要步行回家，一早又步行去学校。因老被同学笑话，他最后退学了。

直到他长得五大三粗时，妈妈才拒绝和他睡一张床，但这未免太晚了，他对妈妈的依赖已严重到病态，因为想妈妈，他每天都要哭，每个星期都要给妈妈打 3 次以上的电话。在他的倾诉中，他说妈妈并不情愿和他睡一张床，不知有多少次赶他了，但他一死皮赖脸地求妈妈，妈妈就会心软下来。

这是孩子不想与妈妈分离，但也有另一种情形，是更常见的——妈妈不愿完成与孩子的分离，她甚至会主动破坏这种分离。

美国女孩安吉拉的妈妈不能接受安吉拉有任何的自主性，她的寝室永远不能关门，妈妈任何时候都有权利走进她的房间。她11岁，妈妈心血来潮，想把安吉拉的头发染成金黄色，但安吉拉喜欢自己乌黑的头发，不喜欢金黄色头发。结果，无论安吉拉怎么反抗都没有用，妈妈最后还是将她的头发染成了金黄色。安吉拉讲话的时候，妈妈说不定什么时候会命令她闭嘴。但一旦心血来潮，妈妈又会拼命去挖掘安吉拉的内心世界，问她在想什么。

结果，到了30岁的时候，安吉拉不能说话了。她是一名教师，本来可以流畅地讲课，但忽然有一天，她说不出话来了。

可以说，与妈妈的关系让安吉拉形成一种认识：关系越亲密，她就越没有独立空间，而她维护自己空间的唯一方式就是不说话。因为无论妈妈怎么侵扰她的个人空间，但她只要不开口，妈妈就一点办法都没有。

安吉拉的妈妈想吞没女儿的一切空间，而安吉拉为了防御被吞没，于是发展出了"失语"的办法。作为心理医生，我发现，如果父母，最常见是妈妈，对儿女有强烈的吞没，那么儿女会发展出种种办法来防御妈妈。

譬如，我一位男性个案，第一次做咨询时，讲事情从来不讲细节，我问他细节是什么，他会愕然地说，忘了。没有细节，他讲的事情就一点意思都没有，我听他讲话时总是昏昏欲睡。

PART 4　　不叛逆，无独立

就在昏昏欲睡的时候，我突然间捕捉到了一点什么，于是问他，你是不是有一个控制欲望特别强的妈妈，你什么事情她都想知道。

他说，你怎么会知道？我回答说，通过你不讲细节而知道，就好像是，你讲不出细节，就是为了对抗妈妈吞没你的努力。甚至，你都意识不到是你自己不想给妈妈讲细节，而似乎是你没有能力讲细节，这样一来，妈妈连怪罪你的资格都没有了。

他大笑，说好像真是这么回事。从此以后，他开始在咨询中讲细节了。

在与父母的关系中，最重要的一点仍然是尊重你自己的感受。很可能，你身边所有人都强调，你应该顺从父母。但是，我想再一次引用俄罗斯文豪索尔仁尼琴的话，"每个人都是宇宙的中心"。

在你父母的世界里，他们是宇宙的中心，而在你的世界里，你就是宇宙的中心。所以，如果事情主要是你的事情，你有足够的理由遵从你自己的感觉，而不是别人的感觉。

# 你可以与父母拉开一个界限

在我的课程中，我有时会让学员们做一个练习。

两人一组，A 闭上眼睛，站在房间的这一端不动，B 从房间的那一端缓缓地向 A 走近。

A 要根据自己的感受来判断，什么时候希望 B 停下来。

这个练习，是测验每个人的心理距离的。你会发现，每个人都有不同的心理距离，并且，这个心理距离还比较一致。如果是同样两个人做练习，那么做很多次，两个人之间的心理距离都是差不多的。

人和人之间又有不同，有的人需要很远的心理距离，在对方还有 3 米远的时候就感觉不舒服，而要对方停下来，有的人则似乎没有什么心理距离，直到对方走到紧贴着自己的地方了还是觉

## PART 4　不叛逆，无独立

得可以。

这是怎么回事呢？

心理距离过远的人，常常是小时候有过严重的被抛弃的经历，譬如妈妈在他们很小的时候就把他们交给别人带，而且持续了多年。这样一来，他们就会有很强的心理防范，不希望别人亲近他们，因为他们很恐惧，一旦亲近又要分离的感受，那会让他们感觉又一次被抛弃。

没有心理距离的人，常常是有一个吞没型的妈妈，偶尔也可能是爸爸。妈妈或爸爸是如此强烈地希望知道他们的一切，他们是不被允许有独立空间的，所以他们要压抑自己对独立空间的渴望。

但是，很有意思的是，假若让他们在做练习的时候，先感受自己双脚踩在地上的感觉，再将一只手放到小腹部，然后再继续。这时就会发现，心理距离过远的人，其实无比渴望别人靠近自己，而没有什么心理距离的人，反而特别希望有一个很大的心理空间。

我想说，这真的是一个天赋人权——拥有一个独立的空间。

我给父母们讲课的时候，会建议他们在孩子成长的不同阶段，给孩子越来越大的独立空间。

在孩子很小的时候，你可以给孩子一个神圣的抽屉，只有孩子可以打开，其他任何人都不可以。

孩子再大一些，就给他们一个单独的房间，这个房间，孩子可以上锁，而其他人进入这个房间时，必须敲门，得到允许后才能进。

孩子再大一些，成为成年人了，父母就要鼓励甚至逼迫他们搬到家外面自己找房子住。

这是非常重要的一点。

我有多个来访者，三四十岁了都还没结婚，其中一个重要的原因是，他们仍和父母住在一起。

因此，我会给一些年轻人提建议，如果找配偶的话，不要找那种出生、读书、工作都在同一个城市的异性，尤其是不能找出生、读书、工作都一直和父母住在一起的人。

之所以这样说，原因有很多。简单来说，他们既没有拥有过独立空间，也没有学会尊重彼此的独立空间，到谈恋爱的时候，他们要么是太疏远，要么就是太过于亲近而希望一直黏到一起，这都会让你感到痛苦。

就这一点来说，作为孩子的你们会有一个显而易见的好处，比如你们现在就开始住校，你们必须与父母分离，而父母也没什么话好说。

假若你的学校就在家附近，或者至少在一个城市里，而你仍然住在家里，那我真的建议你搬到学校去住，或者，搬出家里，租房子住。你会发现，那将是大不一样的生活，也许一开始一两个月你觉得不适应，但很快你会爱上拥有独立空间的感觉。

假若你一直没有被允许有独立空间的话，那么，读我这几篇文章甚至这本书可能会有犯罪的感觉，你觉得这是对父母的背叛。但是，好好去问一下你的内心，你真正想要的是什么？你的感受是什么？

有些时候，我们自己都不允许自己有独立空间，但潜意识中我们一定会寻求，而这会造成很多很有趣的事情。

我的一个个案，她买了七八套房子。之所以买这么多房子，不是为投资，而是因为她喜欢，既喜欢买房子，也喜欢不断换房子住的自由感。

更有意思的是，她买的房子都不是方方正正南北通透的，而是奇形怪状七扭八歪的，但它们都有一个重要的共同点：卧室在最里面，进入卧室会有一个弯曲的走廊，如此一来，有时别人进入卧室，她就可以提前知道。她强调一句说："就算我开着门，别人走进卧室都得需要一点时间。"

这一点很重要。但是，为什么你不可以关上卧室的门呢？我问她。

她说，她从小到大，在妈妈的面前都没有隐私权，她的房间永远不可以关上门，虽然她现在已成家，但妈妈常过来住，她一样不能容忍女儿卧室的门是关着的。

碰到这种情况，孩子必须去争取，不管父母多么不高兴。

我一个铁哥们，他27岁了，和父母住在一起，他给父母强调了很多次，他们进他房间的时候要敲门，父母口头上答应，但一转身就又忘了。后来，在我的鼓励下，他给房间上了一把锁，平时他在房间就从里面把门锁上，这样一来，父母不得不敲门。

这把锁，让他一向好脾气的父亲暴跳如雷，但看他的态度如此坚决，最后不得不接受了这一事实。

给自己的房间加一把锁以后感觉如何？我问他。

他说，心里一下子轻松了很多，觉得第一次在家里有了自己一块地盘，而原来他的心一直都是紧绷着的，生怕父母什么时候会闯进来。

成熟必须要独立，而独立的一个含义是，你可以对任何人说不，当你不愿意让别人进入你的空间时。

## 从小事开始「起义」

如果你的父母鼓励你独立，这真的很好。

如果你的父母限制你独立，仍然会事事管你，要求你在太多方面按照他们的意思来，那你就得靠自己来争取独立。

有时候，孩子从父母那里争取独立，就像是殖民地从宗主国那里争取独立一样艰难。所以，你需要策略。

殖民地从宗主国那里争取独立，常常采用的办法是激烈对抗性质的，譬如刺杀宗主国在自己土地上的官员，甚至是总督。

很多人从父母那里争取独立也会采取这种办法，譬如一独立就从恋爱、就业等最关键的事情上开始。

这就会太激烈了，毕竟我们与父母的关系不是敌对关系。

那怎么办？你可以从最小的地方开始，譬如怎么穿衣服，怎么交朋友，怎么读书，怎么吃饭，怎么作息等等。

前面我们提过一个道理：任何人讲话时都有两个层面的意思，事实层面与情绪层面。同样的，我们做事情也在传递这两个层面的意思。

殖民地独立时之所以从最要命的事情上开始，就是为了用最极端的事实传递出最激烈的情绪——我们要挣脱你的控制。

实际上，不必这样做，我们可以从最小、最不起眼的事情开始，但却传递出最坚决的信息——我的人生我做主。

尤其是，小事情就算引起冲突，也是很小的冲突。并且，当你从小事情开始独立时，父母会没有意识到你在做什么。更关键的是，一旦他们觉得，在一件事上可以允许你自己做主，那他们便会觉得，其他事情也都可以了。

我的一个个案，他对妻子的控制极其厉害，要求妻子百分百地按照他的意思行事，这导致妻子想和他离婚。我建议他，不妨在一些小事上试着给妻子一些独立空间。

他答应了，结果回来对我说，本来，他以为在小事上给妻子独立，是将控制程度从 100 分减到 99 分，但最后却发现，当 99 分可以时，他觉得 70 分也无妨了，甚至觉得 50 分也可以。

从小事传递出你最坚决的信息，这是一个很有用的策略，在很多时候都可以使用。

譬如，你可以这样对待你未来的老板，无数老板是有强烈的控制欲的。

譬如，你还可以这样对待你的情侣，很多人对情侣的控制也是变态级别的。

譬如，你还可以这样对待校园暴力。校园暴力中，之所以有人会一而再再而三地欺负你，最初总是从小事开始的，先从小事上他们觉得你软弱可欺，而后不断升级，最后他们的暴力也达到了变态级别。你最好一开始就展现出你坚决捍卫自己的态度。

我一个朋友决定读研究生时，知道他未来的导师是有超强的控制欲的，她会要求自己的研究生们事事按照她的要求去做。他不喜欢这样，所以他决定给自己未来的导师一个小小的"下马威"，让她知道，他是不会被别人控制的。

他本科论文就是跟这位导师做的，论文第一次写好后，交给导师修改。导师找到了26处问题，要他修改。

他仔细研究了这26处问题，决定按照导师的意见修改25处，但唯独留下一个不怎么起眼的地方，他决定不修改，要按照自己的意思来。

他预料到，依照导师的性格，肯定会就这一次与他交锋。所以，他做了非常充分的准备，想好了各种可能性，假若导师试图说服他，那他该如何辩驳。

果不其然，导师就那一处不起眼的"问题"，足足和他谈了两个半小时，试图让他按照她的意思去改，而他则非常有耐心、非常心平气和地一一辩解，说他为什么不想修改，他的理由是什么。

平时，导师是非常忙的人，她很少花这么长时间指点学生，更不用说就这么一个小问题谈上两个半小时了。

其实，这不是正确与错误的较量，而是谁说了算的较量。

最后，导师投降了，她对他说，算了算了，就按照你的来吧。

从此以后，他在导师所在的实验室里获得了一份特权——别人都得按照导师的意思来，而唯独他可以按照自己的意思来。导师会指派其他学生做什么研究，但对他，总是以商量的口吻来谈。

他的这种态度，用我的话来总结，就是"温和而坚定"。首先是坚定，我就如同一棵大树，坚守在我的立场上，任凭你风吹雨打，我自岿然不动。其次是温和，无论你是怎样的暴风骤雨，我不跟你急，我没有负性的情绪，我不必反击。

当人们向别人施加压力的时候，一般都会料到对方会不高兴，甚至会很愤怒，而他们对这些都做好了较量的准备。但是，很少有人能预料到，对方既不按照我的要求来，又对我不生气，这时就无从下手，而你就可以更好地坚守住你的立场。

在读本科时，我两次在兼职的时候碰到公司老板对我大发雷霆，我就任凭他们暴跳如雷，我温和而坚定。坚定地说，我没问题，又温和地说，老板您说话慢一点，不着急，我认真听着呢。最后，两个老板都向我道歉说，他们错了，至少不该这样发脾气。

温和而坚定，这不够有诗意，一个大心理学家对此有比较有诗意的表达——不含敌意的坚决。愿意的话，你可以试着去领会这其中的意思，如果你真领会到了，这对你的未来会非常有帮助。

温和而坚定的态度，如果在大事上表达，对方难免会有暴风骤雨，但假若从小事上开始这样做，别人比较难有大的情绪，最后你用和风细雨的方式教会了他们尊重你，知道你的人生你做主。

# 你不必活在父母的梦想里

每个人都有自己的梦想。

梦想，就是你最渴求的人生选择，执行并实现你的梦想，是你在这个世界上活过一遭的最鲜明的证明。

在我们这个国家，无数人活不出自己的梦想，甚至不敢去尝试活出自己的梦想。

但是，他们却可能期待别人替自己活出梦想。

这是中国孩子与父母之间最常见的一个冲突，中国父母们常常是苟且地活着，梦想不再出现在他们的生活中，但他们却将实现自己梦想的希望转移到了孩子身上，这一方面会成为孩子生命的重担，另一方面，孩子自己的梦想被压抑被扼杀，不得不带着巨大的不情愿去被迫追寻父母的梦想。

因自杀而震惊全国的上海海事大学的女研究生杨元元，读本科时，妈妈跟着她，读研究生时，妈妈仍然跟着她。

跟着她做什么？

其中一个重要的原因是，跟着她去看自己梦想的实现。

譬如，去上海读书就不是杨元元的梦想，而是她妈妈的梦想。杨元元希望的是远离湖北去大连读书，而她妈妈年轻时来过上海，上海这个中国头号大城市给她留下了不可磨灭的印象。她梦想着去上海生活，她似乎实现不了这一点了，她将这一希望寄托在女儿身上。

这还不是关键，关键是，她不允许女儿有其他选择，而必须按照她的选择去生活。

如此一来，杨元元的人生就没有了自己选择的机会，她的人生就没有了"我选择，我自由，我存在"的机会，最后她选择了自杀。

真的不是上海海事大学逼死了杨元元，而是母亲强加给她的东西扼杀了她的精神生命。

没有谁愿意活在别人的梦想里，哪怕这个梦想最终会实现，哪怕这个梦想会令自己站在世界之巅。

美国超级巨星"小甜甜"布兰妮·斯皮尔斯的命运即是一个证明。她功成名就，成为世界上最有名的巨星之一，但是，她癫狂了，她近乎发疯，她背叛前途无量的正牌男友贾斯汀，与默默无闻的坏小子们瞎搞，她滥交，她穿裙子被拍到不穿底裤……

她最疯狂的举动，是将自己迷倒众生的一头秀发亲手剪掉，

PART 4　不叛逆，无独立

剪掉以后，她看着镜子里光头的自己喃喃自语："妈妈会疯掉的。"

在治疗中心，她疯跑，一边跑一边喊："我是冒牌的，我是冒牌的。"

她跑出治疗中心，求街上的普通人与她合影，那时她笑容灿烂。

她到底怎么了？

从她自己的话中可以找到答案。她说，她最痛苦的是失去了童年。布兰妮的妈妈有一个明星梦，但她没有实现，她决定在女儿身上实现。布兰妮两岁起，她就带着女儿四处奔波，寻找各种可能，将女儿送上荧屏。最终，她极大地实现了这个梦想，女儿成为天后。

但是，这不是布兰妮的梦想。布兰妮说，她的梦想是做一个普通女孩，有快乐童年的普通女孩。

她的那些看似疯狂的举动，其实都指向一点——毁掉妈妈强加在自己身上的梦想，去追寻自己的梦想。

她与普通人合影时的灿烂笑容，是她在追寻自己的梦想。

她剪掉秀发时说"妈妈会疯掉的"，其真实的意思是，妈妈，我知道这样做你会疯掉，你就疯掉吧，无论如何，我的人生我做主。

她毁掉自己一切看似正常而美好的地方，就是因为她将这一切与妈妈的意志画上了等号。

不叛逆，无独立。

但是，要命的是，很多时候，父母对我们的期望真的是美好的，而一旦这些美好都被我们视为是父母的意志，那么变烂似乎就成了自己的意志了。这真的是一个误区。

可以说，布兰妮没有学会用优雅的方式去追求独立。或许，在她的意识中她也觉得，独立是对妈妈的背叛，她有罪恶感，那她就只有用有罪的方式去追求独立了。

如果你不想有杨元元或布兰妮的命运，你可以对自己说，我不必活在父母的梦想中，我要活在我自己的梦想里。

写到这里，我一下子明白，我那位高中同学为什么高考发挥失常，本来可以轻松考上北大清华的他最后只能去南开大学。因为，去北大是他爸爸给他的梦想。他有一个叔叔毕业于清华，叔叔后来与爸爸失和，结果爸爸一直期望他争气，考上号称中国最高学府的北大。

看起来，爸爸的梦想是没有错的。但是，每个人的梦想要自己去追寻，只有弱者才将实现自己梦想的希望寄托在别人身上。

我去欧洲旅游时，非常惊讶地发现，国外的老人，一个个看上去都非常有尊严，而在广州，我觉得广州老人们七八十岁后似乎普遍失去了生命力。现在我明白，这是因为，欧洲的老人不管多么老，他们仍然有自己的追求，他们不会像中国老人一样把兴趣都放到带孩子上，如果没有孩子可带活着就没意思了。

我最喜欢的杂文家王小波在一篇文章中写道，他认识的一个美国老太太，60多岁了，竟然有一个几千英亩的农场，而她的唯一帮手是一条狗。不光如此，这个老太太还在谈恋爱。

我想，她能有这么强悍的生命力，是因为，她有梦想，而且是自己去追寻自己的梦想，而不是整天看着自己的孙子辈，并期望孙子辈去活出自己没有活出的梦想。

　　无论如何，我希望你能知道，你真的没有必要活在别人的梦想中，你来到这个世上的最有价值的事就是去追寻属于你自己的梦想。

## PART 5

## 恋爱,是"第二次童年"

每个恋爱的故事，都像是我们与父母关系的一次重演。钟情于一个和父亲（母亲）相像的异性，是为了重温童年的美好，钟情于一个和父亲（母亲）相反的异性，是为了修正童年的错误。

## 恋爱，恋什么

刚做心理医生不久的时候，我听说，中小学里早恋的孩子，他们会称呼彼此为"爸爸""妈妈"。

我不知道他们的恋爱会是如何，但是，我想，也许所有的恋爱都是一样的，都是在寻找另一个爸爸、另一个妈妈。

在我的工作室中，来找我的人，90%都是因为婚姻恋爱的问题而来，即便一开始想谈的是孩子，最后他们的话题都会转到婚恋上。从他们的故事中，我也可以清晰地看到，每个恋爱的故事，都像是我们与父母关系的一次重演。

因而，我将恋爱称为是"第二次童年"。

只要稍稍观察，你就可以发现，你喜欢的异性，与你的父母有着种种密切的联系。要么，你钟情的人和你的父亲（母亲）很像，

PART 5 ／ 恋爱，是"第二次童年"

要么，你钟情的人和你的父亲（母亲）相反。

对此，我的总结是，钟情于一个和父亲（母亲）相像的异性，是为了重温童年的美好，钟情于一个和父亲（母亲）相反的异性，是为了修正童年的错误。

一般而言，如果童年的美好很多，我们与父母的关系很不错的话，那我们不会太急着奔向恋爱。或者准确说，我们并不容易早恋。

早恋，更像是修正童年的错误。很多早恋的孩子给我写信说，他们在家中找不到温暖，于是当在异性那里感受到温暖后，他们就遏制不住地想恋爱了。

从这个角度上看，无比渴望恋爱，有点像是对童年没有得到父母的充分的爱意的弥补。

或者更准确的说法是，当你感觉到孤独时，你就更加渴望恋爱，好像恋爱才能温暖你的心。

我的个案中，有广州人，也有外地来广州的。他们的故事截然不同，每个从外地来广州的人，都会讲起自己有一段很难熬的孤独的日子，那时候，就会非常迫切地想谈恋爱，并会努力寻找各种途径增加认识异性的机会。

相反，出生、读书与工作都在广州的人，他们可能30多岁了还会和父母住在一起，他们较少体会到孤独的滋味，所以他们对恋爱的渴求就没有那么重。

并且，家庭既可以是他们的一个避风港，也可以说是他们逃避恋爱问题的一个地方，经常，他们与恋人发生冲突后，就会变

159

得与父母更亲近，觉得恋爱实在没什么意思。

也是在这一层含义上，我建议我的一些朋友不要找出生、读书与工作都在同一个城市的人，因为他们对恋爱的渴求不是那么强烈，他们的心思不容易放到你的身上。

你们现在离开家读书，开始住宿，开始与家"心理断乳"，孤独的滋味会浓重很多，这时，你们对恋爱的渴求也会变得强烈很多。

对此，我的一个建议是，对你恋爱的渴求，以及可能即将到来的恋爱，甚至正在进行的恋爱和已经结束的恋爱，多看一看到底发生了些什么，看得越明白越好，因为这是你未来的婚姻生活的宝贵财富。

其实，看来看去，你势必会看到的特别重要的一点：恋爱，就是对童年美好感觉的留恋，以及对童年痛苦感觉的修正。

我们前面讲到的"内在小孩与内在父母"的关系模式，会在恋爱中有淋漓尽致到疯狂的展现。

随着年龄的增长，我们会遗忘很多东西，忘记了童年那些美好的感触，也忘记了童年的一些伤，但恋爱，或仅仅是对爱情的渴望，都会强烈地唤起这被遗忘的一切，你童年的很多爱与痛，会在恋爱中重演一遍。

你会看到，你在恋爱中所执着的，都和你的原生家庭有密切关系。

譬如，你喜欢的一些爱的方式，是童年时你的父母温暖过你的，而你特别忌讳的一些痛的方式，是童年时你的父母或其他养育者伤害过你的。

因而，我想说，在恋爱中不要将注意力完全放到对方身上，那样一来，你一样会失去了你的立场。你需要学习将注意力放到你自己身上，看看你的需要是什么，也看看你为什么会有这些需要。

如果可以的话，我建议男生们也无妨像女生们一样，去读一些关于恋爱的书籍，而女生们，则不要只看言情小说，也去看一些譬如关于爱情心理学的书。言情小说，多是悲情的，它们会让我们对爱情更迷离更忧伤。

青春期的爱，的确，也恰恰是迷离的、忧伤的，同样的，也是迷人的。

有时我会想，假若我重新回到18岁，但我具备现在的关于人性的智慧，那该多好，我的人生就会没有那些错过。

不过，我知道，这就是生命的意义。生命，关键也许不是得到什么，而是在这个过程中，你能否发现爱的真谛，并帮助你将真爱在生命中活出来。

真的祝福你们，如此年轻，你们可以有一个更好的开始，在爱情上，只要你们多做一些必要的努力。

## 一见钟情是怎么回事

爱情中,或许最神秘也最广为人知的神话,就是一见钟情了。

一个朋友对我说,她觉得日久生情更可靠。可是,她的两次恋爱都是一见钟情。

第二次一见钟情,是别人介绍的,在一家餐馆里相见。她先到,那个男孩后进来。男孩一进来,她就来电了,心中有一句话涌出来:"就是他了!"

这次一见钟情令她有些害怕,因为她第一次恋爱就是一次一见钟情,但结局不好,分手了。所以,她担心这次一见钟情又会有不好的结果,在两人相恋了两个月后,想让我帮她分析分析,旁观者清嘛,而且我又算是心理医生。

她常看我的文章,知道爱情常常是我们与父母关系的又一次重演，所以听她简单地讲了一见钟情的故事后，我直接问她："他和你的爸爸像吗？"

"不像，"她说，"一点都不像。"

但是，和我聊了约一个半小时后，我发现，这个男孩有十处以上和她的父亲很像。

譬如，她一家人周末出去玩，问她父亲意见，咱们去哪儿。他父亲说，咱们就去 Ａ 地吧。她或她妈妈反驳说，Ａ 地有什么好玩的，还是去 Ｂ 地吧。好，好，就去 Ｂ 地吧。父亲总是在第一时间满足妻子和女儿的意愿。

然而，第二天，等在 Ｂ 地玩到下午 4 点时，她父亲会说，咱们还是去 Ａ 地看看吧，Ａ 地也是非常不错的……他会讲出很多理由，她和妈妈会感觉，假若不去 Ａ 地一下，他会很不情愿，所以最后还是去了一下 Ａ 地。

请注意这一点，就是去一下而已。譬如，Ａ 地可能是动物园，而他们一家人本来在植物园，4 点钟坐车从植物园到动物园，到了也没什么时间玩了。

他这是在干什么呢？他是那种特别为女人考虑的男人，所以他在第一时间会委屈自己而满足女人的要求。但是，这样其实会让他觉得自己做了牺牲，会有些不情愿，最后他要做点事情，还是要满足一下自己的意愿，哪怕只是象征性的。

稍稍跑一下题，多说说这种心理。心理学说，自恋是人最核心的需求，而自恋中最集中的表现是，自己的意愿要得到满足。

同样的，对自恋的打击，就是自己的意愿得不到满足，而没有被满足的意愿有时会成为一种毒品般的力量，吸引着自己不顾一切地去追逐这个意愿，我称这种心理为"未被实现的愿望的诅咒"。

有机会的时候，人们总是倾向于满足一下自己的意愿，有时哪怕只是意思一下也可以。

明朝皇帝朱厚照是皇帝中有名的败家子，他做皇帝时，宁王朱宸濠造反，朱厚照是唯恐天下不乱的主儿，一听说有人造反，大喜，说，小子你敢造反，看我不平了你。

然而，宁王不幸遇到明朝第一厉害的人物王阳明，他当时在宁王的地盘上做地方官，本来手里没有一个兵，但宁王造反后，他只用了33天就将宁王的10多万大军给灭了，并活捉了宁王。

朱厚照平宁王的意愿破灭了，他不甘心。所以，当宁王被五花大绑地送到他眼前时，他令手下将他的绳子解开，宁王正不知道要发生什么时，朱厚照又下令将他捆上。这样做，就是为了象征性地实现一下自己平宁王的意愿。

再回到正题上来，这个女孩一见钟情的男子也是如此。每次商量去哪儿玩，他总是顺着她的意，但最后，他的意思总要象征性地表达一下。一下，也只是一下而已。

这个男子和她父亲还有一点特别像。她父亲手下有几千人，非常忙，但一回到家里，他要打扫卫生，为全家人洗衣服、做饭等等。譬如，他会一边扫地一边稍带着点责怪地叹道："唉，你们这群孩子，唉，你们这群孩子。"

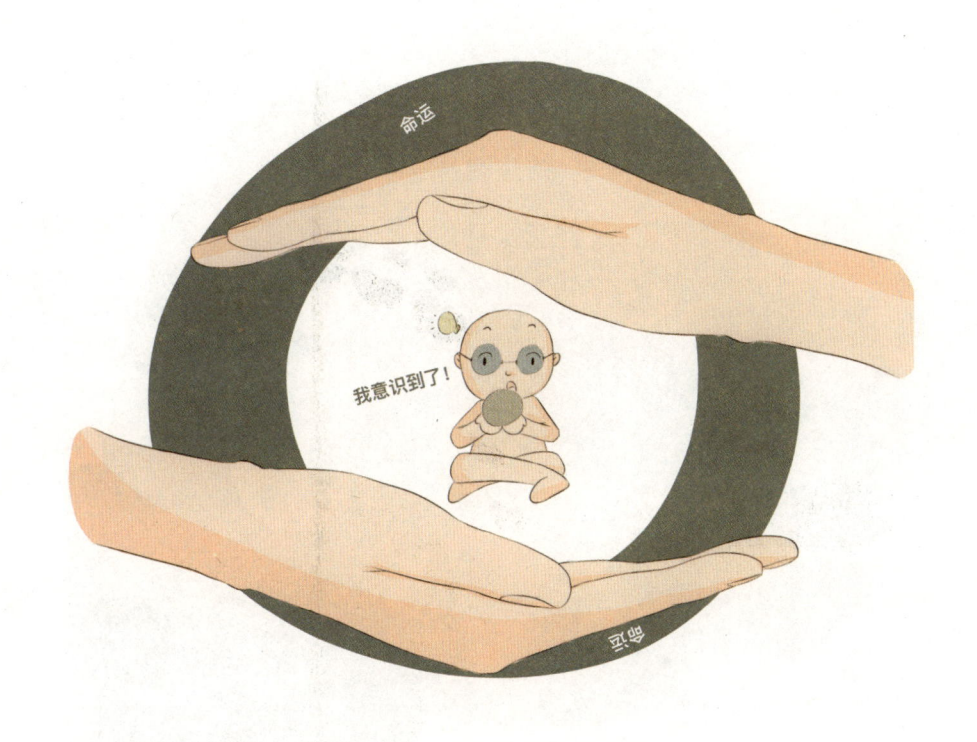

你能意识到的东西，你可以操控它，所以不是命运；你不能意识到的，你无法操控，就变成了命运。不了解自己的潜意识的人，只能听从命运的摆布。

爱是一个独立个体拥有的与他人融合的愿望。所以爱需要无比独立、无比坚强和无比开放；否则，爱就是毁灭。

PART 5　恋爱，是"第二次童年"

看上去，他似乎对做这么多事不满，但我这位朋友有感觉，假若她尽了一个女儿的本分，或她妈妈尽了一个妻子的本分，将家里打扫得干干净净，那么爸爸会不知所措，甚至会很不高兴。她觉得，把她和妈妈照顾得无微不至，是爸爸的一种需求，如此一来，她们两个好像离开爸爸这个男人就活不了，这种感觉让爸爸非常有价值感。

这种感觉你或许很熟悉吧。这也是人性的一个小秘密，付出的人之所以总是在付出，就是为了营造一种别人很需要他甚至离开他活不了的价值感。

这个男子呢，他会如何？他第一次去她家，一进门就大喊一声，天啊，这么乱，然后就开始打扫卫生、洗衣服等，就好像这是他自己的家一样。

还有很多地方，这个男人很像她父亲。可以说，他只是长得和她父亲不太一样而已，他们的内核简直是一模一样的。

前面我们说到，恋爱是为了两个目的：重温童年的美好，修正童年的错误。

请记住，不是寻找美好，避开错误，而是重温美好，修正错误。

这有什么差异吗？差异非常巨大。如果说恋爱是为了快乐与美好，那我们就会寻找那种心理健康而能给自己带来幸福的人。但如果是重温童年的美好，那么我们势必要找到与父母很像甚至一样的人，才能重温我们童年很怀念的美好。

同样的，恋爱是为了修正错误，你必须要找到一个人，重新构建童年的错误局面，你才有修正错误的机会。你对没有错误的人不感兴趣，因为那样你根本没有机会去完成你童年没有完成的梦想。

在你们陷入爱河时，也许你们会忘记我说的这一切。但假若有一个时刻你的心稍稍冷静下来，也许你会恍然记起你曾经看过这么一段文字，你会发现，你眼前这个让你爱得死去活来的人，怎么和你的父亲或母亲那么相像。

# 爱是深深的理解与接受

著名的心理学家罗杰斯说：

爱是深深的理解与接受。

这是至理名言，有的人很早就领悟到了这一点，有的人则需要花半生甚至一生的时间领悟这个道理。

之所以领悟不到，是因为他们被幻觉迷惑了。

最能说明爱情的幻觉的，是现代诗人徐志摩与才女林徽因的故事。

徐志摩，相信你们多少都知道，是极其有才极其浪漫的诗人，他的一生写满传奇。

但是，与林徽因相比，他还不够传奇。林徽因被誉为第一才女，令多个在自己领域超凡绝伦的男人对她爱慕至极。

徐志摩是其中最有名的一个，不过，林徽因并不爱徐志摩，她爱过的两个男人，一个是她的丈夫、梁启超之子梁思成，另一个是著名的哲学家金岳霖。梁思成是中国建筑学的集大成者，而金岳霖在逻辑学上的造诣无人能及。

林徽因为什么不爱徐志摩呢？她对自己儿子梁从诫说，因为，徐志摩爱的根本不是她，而是一个幻象。她说：

> 徐志摩当时爱的并不是真正的我，而是他用诗人的浪漫情绪想象出来的林徽因，可我其实并不是他心目中所想的那样一个人。

"想象出来的林徽因"是怎样的？徐志摩是将她视为"爱、自由与美"的化身。

一个浪漫诗人将你捧到"爱、自由与美"的化身这样高的境地，你是选择与他在一起呢，还是会远离他？

如果你不知道自己是谁，你要通过别人的评价来认识自己，那么你会喜欢这种评价，因而可能选择和这个才华横溢的人在一起。

但是，假若你知道自己是谁，你不需要通过别人的评价来认识你自己，那么你对这样美化你的评价会有本能的抵触，会选择逃离这个男人。

PART 5 / 恋爱，是"第二次童年"

其实，就算你不逃离他，他早晚有一天也要逃离你，因为他本来以为自己选择的是"爱、自由与美"的化身，但很快他会发现，这个象征着美好的女人，也会有很多臭毛病，甚至还会拉屎撒尿，他会受不了。

我从大二开始做电话心理热线，一次接到一个电话，一个男孩说，他今天失恋了，很痛苦。我问他怎么回事。他说，是他提分手的，但他也很痛苦。

怎么分手的呢？他说，他是和一个美女谈恋爱，俩人刚认识不久，他们今天去逛街，逛着逛着，美女说，等我一会儿。

他等了很大一会儿，美女还没回来，他突然意识到，美女在大便。一想到这么漂亮的女孩在大便的情景，他特别受不了，转身就走了。

这个故事，令我瞠目结舌，感觉上，那时的我觉得他很真诚，是真的，但用头脑思考的话，我总是不相信，觉得这怎么可能呢！？

后来，发现真有这样的事，而且是大名人的事。男人是台湾才子李敖，女人是超级美女加才女胡因梦。胡因梦20多岁时曾与李敖有过几个月的婚姻，后来离婚。胡因梦在她的自传《生命的不可思议》中写道，李敖特别受不了她这样的大美女竟然大便有很大一坨而且味道特别臭，他只想接受她才华横溢且美貌动人的一面，就如同徐志摩对林徽因的期望——"爱、自由与美"的化身，而不能接受胡因梦作为平凡而真实的女性的一面。

相对而言，林徽因更有智慧，她没有被徐志摩的迷恋迷惑，而从未对徐志摩产生过爱慕。

爱情，绝不仅仅是美好与美好的结合，也不仅仅是快乐与快乐的结合，爱情中最重要的，是你看到我的真实存在，我看到你的真实存在，我与你有深深的理解，我们对彼此也有深深的接受。

相对而言，男孩更容易将女孩神圣化，将她们视为高不可攀的仙女，或视为不食人间烟火的仙子，如同杨过对小龙女最初的想象。但你若真想打动一个女孩并与一个女孩相爱，你就必须看到她生命中那些脆弱的地方，学会安抚并包容她们的那些脆弱。

很有意思的是，好女孩常常被坏男孩吸引，而坏女孩常常被好男孩吸引。之所以会如此，一个很重要的原因是，好女孩或好男孩知道，他们的好只是他们的一部分，甚至，他们觉得这只是他们的一个面具，他们有意无意地认为，他们必须戴着这个面具才能与别人交往。

一般人很容易被他们的面具迷惑，而认为他们就是这样的人，但坏男孩可以突破好女孩的面具，而坏女孩也可以突破好男孩的面具。结果，好孩子在坏孩子面前会觉得自己更真实，会觉得他们更懂自己。

民国时期的另一个才女张爱玲与胡兰成相爱，不管胡兰成怎样背叛她伤害她，她都是一如既往地留恋这个男人，因为她觉得，只有这个男人"懂得"她是什么样的女人。

我们不也常说，理解万岁吗？这一点在爱情中也是一样的。如果你想爱一个人，就要努力去了解他，看到他的真实存在。

## 心灵的三层结构

在爱情、友谊或其他人际关系中，我们很容易感到受伤，觉得对方伤害了自己。

这是因为，每个人都是刺猬。

准确来说，我们每个人的心都有三层结构：

> 最外面一层是保护层，
> 中间是伤痛，
> 最里面一层是真我。

当你的真我与我的真我相遇时，深深的理解与接受就自然发生了，那时，假若我们是同性，我们就会建立牢固可靠的友谊，假若我们是异性，那我们可能会成为一生的知己，也可能会成为深深相爱的爱人。

只有当到达这一层时，真实的亲密感才会产生。

然而，在青春期，我们可能缺乏这个洞见，我们会认为，我们遇到的这个人是怎样的，这个人就完全是怎样的。

实际上，我们在人际交往中，多数时候碰到的不过是保护层而已。我们渴望别人爱自己，但我们又惧怕别人伤害自己，甚至我们更惧怕被伤害，所以我们会先将自己的真我封闭起来，有时封闭不够，还要穿上带刺的盔甲，甚至手里还拿着无比锋利的矛，谁接近自己就给谁一枪。

如果你决定爱一个人，或者说，如果你决定亲近一个人，你不要被他的保护层欺骗，你要试着用理解和爱穿透他的保护层，碰触到他的真我。

如果有一个你喜欢的人在接近你，那么，请认识你的保护层，认识你手里的那些枪、你身上的那厚厚的盾牌是干什么的。

在青春期，我们经常越是渴望亲近一个人，就越是容易去刺伤这个人。

我一个朋友说她读中学时，是学习委员。一次，她去收作业，一个男孩非常傲慢地把作业本丢在地上，然后用挑衅的眼神看着她。那一刻，她先是感觉到被羞辱，而后感到很生气，没有收他的作业本就走了。

## PART 5　恋爱，是"第二次童年"

回忆起这件事时，她已经 30 多岁，她说，现在她明白，这个男孩之所以这样对她，是他喜欢她。

我们都知道，如果你喜欢一个人，想与他亲近，你就必须主动打开你的保护层，把你的矛与盾都放下。

但是，一旦保护层要打开，你内心曾经有的伤痛就会涌出来。你会疼，你会害怕，你会担心你在乎的人抛弃你。

于是，你先下手为强，在他可能伤害到你之前，你先伤害他。我们因而会将自己即将涌现出来的伤痛转嫁到我们所爱的人身上。

并且，要爱一个人，我们就要采取低姿态，但很多男孩的保护层就是"老子天下第一"。所以，爱而谦卑的感觉，就和这种自我保护方式产生了冲突。

这时，他会将"老子天下第一"的感觉拔到更高处，以此来对抗在乎一个人带来的谦卑感。

每个人都有自己的一套自我保护方法，你可以好好问问自己，我的保护层是什么。

在青春期，反向形成是一种非常常见的自我保护方法。所谓反向形成，就是我的意愿是朝东的，但我的行为表现是朝西的。我的内心越是在乎你，我的行为表现就越是鄙视你挑衅你。

这种反向形成的自我保护方式太过于厉害，会将对方完全欺骗，以至于对方完全不知道你的意思是什么，甚至他真的会以为，你就是讨厌他，你就是不喜欢他，结果离你而去。

青春期的爱情，或成年早期的爱情，之所以常常是错过，这种青涩的心理是最常见的。

173

## 每个人在爱面前都是自卑的

一旦爱上一个人，我们就会自卑。

在爱面前，我们都想俯首在地。

爱就像是上帝，而我们都是爱的信徒。

不过，请切记，任何一个人都不是上帝，当你将爱视为你的信仰时，不要将那个爱的对象视为你的信仰。他承受不住，他也不能满足你的这个信仰，就犹如林徽因不能满足徐志摩对"爱、自由与美"的化身的渴求。

但不管你怎么做准备，当爱来临时，一种自卑或者谦卑会悠然而起，也犹如张爱玲所写："见了他，她变得很低很低，低到尘埃里，但她心里是欢喜的，从尘埃中开出花来。"

张爱玲写的是她对胡兰成的爱，她是对爱的俯首，而胡兰成却以为这是一个女人对他的俯首。所以,胡兰成亵渎了这份爱。

爱到有谦卑,是很好的境界,但爱若带来的是强烈的自卑,就会阻碍你投入到爱情中。

我的一个朋友,他善良正直,相貌端正,还有点帅气,工作也不错,但是,他相亲几十次,从未成功过。一开始,他还有挑剔的心,但慢慢地,挑剔心被一次次相亲失败的经历给磨平了,他甚至开始想,只要随便有一个女孩接纳他就可以了。

在做心理咨询的时候,我会细心聆听、谆谆善诱,并且最关键的话,都是让个案自己讲出来,我很少提前讲我看到的一些关键点。但那一次,和我这个朋友聊天,听他讲那些郁闷的相亲与几次无疾而终的爱情,我突然间来了气,一口气给他讲了4个小时的道理。

都是,他随便讲点什么,我就对他说,停,听我讲,然后我对他刚才讲的话进行非常犀利的剖析。

过了两个月后,他对我说,这次恋爱成功了,他找到了自己中意的女孩,女孩对他也非常满意,他们俩都有点悔恨,怎么他们没有早些年认识,要是一开始他们就在一起多好,生命会少很多不必要的磨难。

我见到那个女孩后,衷心地为我这位朋友高兴,她真的很不错。

后来他对我说,当时我对他讲过的那些话中,有一句话对他触动很深。我对他说:"所有的人一旦开始爱都会自卑,所有的人一旦在乎一个人都会感觉到有些惶恐。其实，人际关系对任何一个人来说都是一个难题，不管一个人看上去在人际关系中多么如鱼得水，他实际上会和你一样有担心，担心他得不到你的爱与关注。"

原来，每次相亲，一旦对一个女孩有了好感，就会有自卑袭来，因为这种自卑，他在女孩面前会束手束脚，不能展现他的风采。

但是，我问他，你觉得，女孩会怎么看你的束手束脚呢？

他说，她们会瞧不起我。

这是一方面，我说，另一方面，她们会担心，自己不知道怎么对待你，这让她们觉得她们自己不够好。

很多时候，别人逃离你，主要逃离的，是他们在你面前会有的失败感，当他们觉得不能让你很舒服地和他们打交道时，他们也会有挫折感。

所以说，重要的不是你自卑，重要的是别人会因此而自卑。

这不光是爱情中的奥秘，也是人际关系中的奥秘。

我的一个个案，他有非凡的察言观色的本领，但是，他恨自己这一本领，因为他的这一本领都用来如何讨好别人，好让别人对自己好上了。

相反，他特别崇拜的一个万人迷般的同龄人，似乎没费任何力气就让别人喜欢自己，这让他非常羡慕。

终于，一次喝酒时，那个万人迷对他说，你知道吗，我讨厌自己，因为我在人群中常常是在表演，我不敢表露真实的自己，我觉得

PART 5 　恋爱，是"第二次童年"

那样的话别人会不喜欢我了。

这次谈话让他如释重负，以后他对人际关系释然了很多，因他明白，原来大家都是一样的，都对获得别人的爱充满自卑与惶恐。

并且，我还发现，无论一个人看上去是多么的优秀，他的自卑与惶恐和别人实质上都无两样。甚至，优秀本身就是惶恐的结果，他惶恐自己不优秀就没有人爱，所以才拼命把自己变得如此优秀。然而，这种逼出来的优秀，并不能让一个人彻底化解自卑。

彻底化解自卑，只有一个做法——自己相信自己是值得爱的。

有时，你会很幸运，你从小就获得了父母充足的爱，这给了你一个很好的基础，让"内在的小孩对获得内在的父母的爱充满信心"这种自信深扎于你内心。

有时，你不够幸运，你甚至从小获得的是"内在的父母伤害内在的小孩"这种东西。

不过，针对这一点，我也想多说一句，其实父母在孩子面前也是自卑的，他们爱孩子并想得到孩子的爱，但他们中很多人不知道如何爱孩子也不知道如何获得孩子的爱，这也会令他们自卑。甚至，这份自卑和我们是一模一样的。

但无论如何，你可以学习，学习自己爱自己。

## 跳好爱情这支双人舞

爱情是一支双人舞。

看懂了探戈,就看懂了爱情这支双人舞。

探戈中,两个人一会儿近一会儿远,一会儿亲密一会儿疏远,亲密时有着对抗,对抗时又彼此渴望。

王家卫的影片《花样年华》,写透了爱情的这个味道。

为什么会是这样一个过程?

因为心有三层结构:保护层、伤痛与真我。我们需要时间、需要过程来穿越保护层、安抚彼此的伤痛,最后找到真我。

有研究称,从相识到确立恋爱关系,需要至少 20 个大大小小的微妙环节,这些环节中一个没有处理好,恋爱关系就难以建立。

其实,别说确立恋爱关系,就是异性之间从陌生到相识,都

PART 5 / 恋爱，是"第二次童年"

是一个蛮有挑战的过程。

一个朋友对我讲过他自己难忘的一次回忆：

一个冬天的晚上，小雪，我挤进一辆大公共汽车。刚上去时，我在中门边。

中门人很多，我被众多更为臃肿的身体围裹着，几乎透不过气来，于是，我四处巡视，寻找稍微宽阔些的空间。当我的目光扫向后门时，突然停住，它被一点亮丽吸引。

那是个漂亮女孩儿，一袭黑衣，略显单薄，感觉是白玉般无瑕的皮肤，黑亮的柔发。

我和她的目光形成一个 120 度的视角，我不时地、迅捷地瞟她一眼，她看来毫无动静，但我似乎感觉到几次闪电般的目光的回射。

中门太憋闷了，我将我的空间让给一对热恋的情人，辗转到了她的身后。在这儿，我可以一览无余地欣赏她的气质、她的身材……

或许，感觉到我的目光的力量，她转过身来，几次，她大胆地和我对视。我看到清澈、明丽的大眼睛。这么坦率的眼睛，让我心虚，我几次躲开她的直视，稍稍安顿内心的不安后，又几次迎上。每次对视都如火花的迸发，短暂、激烈。

车行到第五站，她稍稍整理衣饰，走近门口。我要在第七站下车，想到这儿，我心安理得地小跨一步，凑到她的身边，尽可能大胆地轻触着她。

179

路上塞车，我们乘坐的大公共汽车一进一停，一停一进地缓慢爬行。

门口只有我们两个。

就在车的一晃一顿中，我借势向她靠拢，我感到她似乎也是如此。慢慢地，我们紧紧地靠在一起。

如果我轻轻地揽住她的腰，配上我们如许安详的神情，没有人会怀疑我们是一对热恋中的情侣。但我内心迷醉、迷乱、慌张，我不知所措，而她几次勇敢地转过脸来，凝视着我的方向，但这只是增加着我的胆怯。

我决定，如果她也在第七站下车，如果她也和我一样向东走，我一定要去除羞涩，鼓足勇气，想办法和她搭讪。

……

她果然也在第七站下车，但我向东，她向西。走了几步，我停下，转身，看到她义无反顾地大步走去，单薄的身影迅速消失在飘舞着的乱雪中。

那时，我的朋友是一个羞涩的男孩，只要他略微自然一些，彼此都有好感的两个年轻人便会相识了。理性地总结一下，可以看到由陌生到相识的一个小模式：

　　　　男士发现吸引自己的人，
　　　　女士发现一个不讨厌的人；

PART 5 / 恋爱，是"第二次童年"

男士用各种方式频频发出信息：我在注意你，

女士不动声色地判断一个知觉——有人在注意我——是否正确；

男士持之以恒，

女士断定这个人确实在注意着自己；

两个人短暂而迅速的目光交流；

男士随便找个理由拉近两个人的空间距离；

女士感到一点激动，一丝威胁，她稍稍后退，再检查这个进一步的消息，

男士持之以恒；

女士再次肯定自己的判断，

男士脸上略现温情，但不流露太多声色；

男士移动脚步，

女士移动脚步；

一点一点地，两个人逐渐接近；

终于，两个人的空间距离已拉近到不能再近；

男士或女士若无其事地找个无关紧要的话题，两个人开始交谈。

……

相识就这样完成了。

---

可以说，很多时候，相识就好比文火烧水，须一点点地加温，

在火候达到时自自然然地完成。

　　从相识到建立恋爱关系更应该是这样一个过程，我们需要时间将心一点点打开，尽管一见钟情式的爱情开始时宛如电闪雷鸣般激烈，但从一见钟情到彻底将自己的心交出去，最好仍要有一个过程。

## 女孩，爱护好你的身体

在跳爱情这支双人舞时，双方表面上需要的是耐心，但其实真正需要的是信心。

主要是，当你们亲密时，你是否对爱情有信任。当你们疏远时，你是否对自己有信心。

有信心了，才能既可以远也可以近，太近时可以对他说，离我远一点，太远时也可以自己努力去接近对方。

但是，假若对爱没有信心，你们可能就会急着快速跳完这一支舞曲。

爱情舞曲的一个重要点是发生性关系。

绝大多数男性都会比女性更急着走到这一步，但是，作为女孩，你们一定要爱护好你的身体。

探戈舞中，我们也可以看出，男性是主动的，但是，决定权却是在女性的手中。

爱情一般也是这个样子，男性多是主动的一方，但女孩决定爱情走到了哪一步。

尤其是，女孩对身体的接近程度有处理权。

之所以如此，一个很重要的原因是，在男权社会，男性容易将女性当作自己征服的对象，他们常常不是在爱，而是在征服。假若太快得到，那么他们就会觉得索然无味。

越是征服欲强的男性，他们在得到女性的身体时，撤退得就越是快速而彻底。

并且，在男权社会，社会整体上并不鄙视滥性的男性，甚至会把他们当作优秀的"猎手"而崇拜。相反，社会整体上会鄙视滥性的女性，假若女性太容易将自己交出去，反而会被社会笑话。

对你而言，社会就是你的朋友圈子、你的家人和你所处的社会环境。

陈冠希的故事就是一个例证，我看了无数对这一事件的评论，基本上90%的男性都是在艳羡陈冠希，而我所知道的女性中也有很多人不讨厌陈冠希。相反，阿娇和张柏芝等人却在评论中被大肆污蔑。

在网络上，你能找到的所有的艳照事件都会蒙上这个色彩。

所以，作为女孩，最好保守一些，你越是保守，你就越是被尊重。

PART 5 / 恋爱，是"第二次童年"

更深一步讲，在爱情或所有领域中，人们在没有找到彻底的真爱前，爱的并不是对方，而爱的是在对方身上的付出。

也就是说，一个人对你付出越多，他会越在乎你，一个人对你付出越少，他就越不在乎你。

当然，爱情重要的是对等。假若在这一关系中，女性的身体是天平上重要的砝码，你最好慎重地使用这个砝码。

在我所了解的青少年的恋爱故事中，女孩之所以很快将自己的身体交给男朋友，绝大多数都有一个共同原因——对自己没有信心。

不管她们的外在条件如何，她们内心都充满自卑，一旦爱上了，就会觉得自己在男孩面前没有什么分量。似乎，自己最有分量的就是身体了，所以，一旦想亲近，或者担心失去对方时，就容易很快将这个最有分量的砝码放在爱情双人舞的天平上了。

假若你是这样的女孩，假若你觉得到了这样一个时刻，是不是要把身体交给对方，我建议你一定放慢节奏。并且，你最好要找一个密友分享你的心理，假若你们学校有心理老师，或你有条件去看心理医生，这是一个很好的选择。

其实，只要你稍稍花时间冷静一会儿，可能就会垮过自卑的心坎。

假若你想发生性关系，请务必在此之前做一定的了解，现在网络很发达，你可以轻松找到大量关于性的知识，这可以保护你在性关系中不受到伤害。

假若你有了没有保护的性关系，请在第一时间处理可能怀孕的问题，这也是非常简单易行的一件事，你也可以在网上轻松找到大量资料。

假若你怀孕了，最好告诉你的父母、老师，或能够理解和支持你的成年人，请他们帮助你处理。

这方面的事情，都是越早了解越好，越早干预越好。

我发现，很多人在这方面会有侥幸心理。甚至，他们会像阿Q一样玩精神胜利法，假装严重的事情从来都没发生，结果导致事情越来越严重。

相对而言，一旦有性发生，青春期的男孩没有什么，但对于女孩，就会面临着很多挑战，甚至会成为命运急剧恶化的转折点，所以，女孩一定要对性关系慎重，而且一定要学会保护自己。

# 一切都是为了爱

有哲人总结说，人的心理只有两种：一种是渴求爱，一种是担心失去爱。

或者说，人的心理只有一种，一切都是为了爱。

很多人来到我的工作室，是因为失恋。对于失恋的治疗，我发现只要他们能发现一点就可以了。

这一点就是，对方爱我，我值得对方爱。

我也爱他，但是，我们错过了，或者，我们因为太担心失去爱，而制造了种种谜团，结果我们之间有着太多的误解，最后渐行渐远。但是，对方爱我。

当然，也有一些故事中，自己只是对方的一个玩物。然而，真看到这一点之后，也就可以放下了。因为，对方的境界那么低，他那么可怜，你还和较什么劲呢？！

希望你们能早早发现这一点，恋爱中的一切行为，不管是幸福甜蜜的，还是痛苦受伤的，一切都是为了爱。

讲一个故事吧。

我一个朋友，他想出家，但他的老婆死活就是不和他离婚。其实，他们的婚姻生活已是可有可无，他们已经10来年没有性生活，而他很少回家，他们都难得见一面。但是，太太就是不和他离婚，这样做，似乎只是为了让他难受，一种较劲似的。

后来，在一次静坐的时候，他突然想起一个场面，小时候，他趴在自家厕所的窗户前，看着楼下，楼下就是他就读的小学，小学门口，他的同班同学们正在老师的带领下上汽车，准备去郊游。他有严重的哮喘等疾病，经常成为拖累，所以他妈妈对班主任说，你们去吧，他不去也可以。

看着大家都上了车，而唯独他不能去，并且现在家里就他一个人，妈妈也去上班了，他很难过，他想，怎么我就没有人爱，怎么我就这样不值得爱。

静坐中重新体验到这份难过时，他有一滴泪掉落下来。

那一刻，他明白，他太太死命纠缠他的方式，其实是他的一种需要，因为她用如此坚决的方式告诉他，有一个人是这么需要他，她是他俗世生活中唯一一个如此在乎他的人。

想明白这一点后，他对太太充满感激。

后来，他将这种心理告诉太太，太太说，可以离婚了，你去做你的和尚吧。

原来，太太和他一样，真正纠结的就是，我做的一切有没有价值，你能不能看到我的价值。你看到了，就可以放下了。

青春期的爱情，可能绝大多数都会没有结果，但我希望你们能看到这一点，无论如何，你们的所作所为都是为了爱。

当然，最好的做法是，让对爱的渴求表达得充分一点，让担心失去爱的行为变得少一些合理一些，那样纠缠会少很多。

但无论如何，请你在受伤的时候试着去看到这一点，你的做法，和对方的做法，一切都是为了爱。

如果你能较早体会到这一点，那么你就可以在很年轻的时候对这个世界充满信心，对爱情充满信心。

爱情，真是我们对这个世界所给予的最大期望。

其实，不光是在爱情中，在其他重要的人际关系如你与父母的关系中，这一点也是一样的，一切都是为了爱。

问题只是，你们不知如何表达对爱的渴求，也不知道如何化解对失去爱的恐惧。

这是一生的功课，我祝福你们，相信你们能够通过这一功课，不仅能活出自己的小宇宙，在这个世界上痛快淋漓地走一遭，你们也能学到这个真谛。

一切都是为了爱！

## PART 6

## 当梦想撞上现实

真实的事物，就是生命的河流，你不能在岸上学会游泳，你必须勇敢跳进生命的洪流中，拿出你的全部身心，与人、与事物真实地碰触。只有这样，你才能体验到，什么叫生命！

# 只有偏执狂才能生存?

只有偏执狂才能生存!

这句话的意思是,人必须按照自己的意志,发起自己的意愿,并执着地将它坚持下去。如此一来,自己的意愿不断得以实现,我们就可以按照自己的意志来构建一个属于自己的世界。

所以,对自己意愿的坚持,就变得非常重要。

你要做好任何事情都需要时间。时间的意义在于,你需要投入到这件事情上,才能与这件事情建立越来越深刻而全面的关系,最终,你得以掌握了这件事情。

如果你不能投入,不能花时间与一件事深度相处,成功也就难以想象。

在北京大学读本科时,我的高中同桌来北京,我们去植物园玩。

在一棵树下聊天,他非常有感慨地说:如果人生能重来,他宁愿自己不要这么聪明,那样他就会懂得,努力,比聪明更重要。

他是班上最聪明的家伙,数理化对他来讲,不需要太费力气,就可以掌握得很不错。因此,他有了这样的一种人生信条:我如此聪明,所以事情可以不用太努力就可以完成。

但是,等到了大学,他才发现,太多事情,需要努力与坚持。假如说,有聪明的策略和努力的策略的话,后者比前者更靠谱。但是,聪明的策略——我聪明所以事情可以轻松解决——已深入他的血脉,让他放弃这个策略,而改为信奉努力的策略,殊为不易。不过,还好,他最后还是将这一点实现了,因为他意识到了这一点必须改变。

现在回头来想,他这番话,也许是对我而发。

离高考还有三个月时,我们班召开高考动员会,让每个同学上讲台上分享一下自己的心得,讲一下自己的感慨。我上台时,就郑重地讲了一句话:努力,总不会错!

我的意思是,不管高考的结果会如何,你都需要努力。只要你努力了,就必然会有一定效果,至少学习上有了效果。这个效果能否实现在成绩上,这谁也不敢保证,但你若不努力,那么什么效果都不会产生。

当时我在班里的成绩仅排第 19 名,也许是我成绩不够好,也许是我讲话时的样子过于郑重,全班人听了哄堂大笑,而我很安然地走下台,因它的确是深入我心的信念。

结果，我最后一次模拟考试和高考，都考了全班第一名，这时很多人才记起我说过的这句话。

很多人之所以不能很好地坚持，不能持续地努力，是因为太追求即时的积极反馈。即，太期待自己努力已收到效果的证明，譬如，我努力了，成绩就一定得提高，否则，就会体验到挫败感。准确来说，这是与自恋磋商：如果"我"努力了，却没有收到效果，甚至暂时还有了相反效果，这就证明，"我"没我想象的那么好。

相反，假若我没有努力，那我就可以留着这样一份自我安慰：你看，我之所以还没那么出色，是因为我还没有努力过呢，如果我努力了，哼哼，你们谁都不如我……

很多自以为聪明的人，会抱着这种表面偷懒、实则自我欺骗的想法。所以玩聪明的策略的人比比皆是，而能持之以恒的努力，什么时候都是一个好品质。

## 懂得放弃的智慧

前面我们讲了努力，即坚持自己意愿的重要性。接着我们讲讲，当有些意愿的确不能实现，或者成本太高以至于根本不划算时，学习放弃自己的意愿，也是很宝贵的智慧。

只有偏执狂才能生存和懂得放弃，这两者结合在一起，就是比只知道坚持远为高明的智慧。

因为，如果不懂放弃，而只知道坚持，其背后其实藏着很多问题。

第二次世界大战中，希特勒推动德国发起了斯大林格勒战役。随着时间的进展，各方面条件对德国越来越不利，但希特勒一味坚持作战，让他的将军们决不能后退。结果，德国在斯大林格勒，丧失了100多万兵力，由此，二战出现了一个关键的转折点。

并且，野史中因此出现了各种传说，譬如一个说法是，希特勒可能在斯大林格勒战役前后就死掉了，后来的希特勒，是一个替身扮演的。为什么会有这样一个传说呢？因为，希特勒在此之前就像是智慧的化身，他简直无所不能，而纳粹德国也像是无往而不利。但之后，希特勒就像是变了一个人，他的判断力和决策可以用一塌糊涂来形容。

两个时间段的希特勒差别太大了，所以有人提出了这种猜想。但对此，心理学可以很好解释，希特勒并未死，而是出现了巨大转变。

居住在英国的心理学家梅兰妮·克莱因称，我们做事情的时候，会有两个不同的境界：偏执和抑郁。当你的心智处于偏执的时候，你会很自大，并会执着于自己的意愿。但是，当你的意愿受挫时，如果你能承认这份受挫，就进入了抑郁的状态。

弗洛伊德早就发现，任何丧失都可以导致一个人感受到抑郁，而作为弗洛伊德的女弟子，克莱因则称，接受自己意愿的丧失即死去而进入抑郁，是心智发展的一个里程碑。

听上去，"抑郁"不是一个好词汇，当我们体验到抑郁时，这种感觉也的确不舒服，它是典型的所谓负能量。

但是，让自己进入到抑郁状态，意味着承认那些不可能，或者不值得的意愿死去，这却是非常宝贵的智慧。

否则，人就会一直停留在偏执状态。偏执状态中，人是有这样的内心：我执着于我的意愿；我绝对不会放弃自己的意愿，不管预设输赢结果的沟通，就是"强奸"。真正的沟通会指向一个双赢的结果：大家的自恋都得到满足，分歧是否存在不重要，重要的是还可以愉快地在一起。

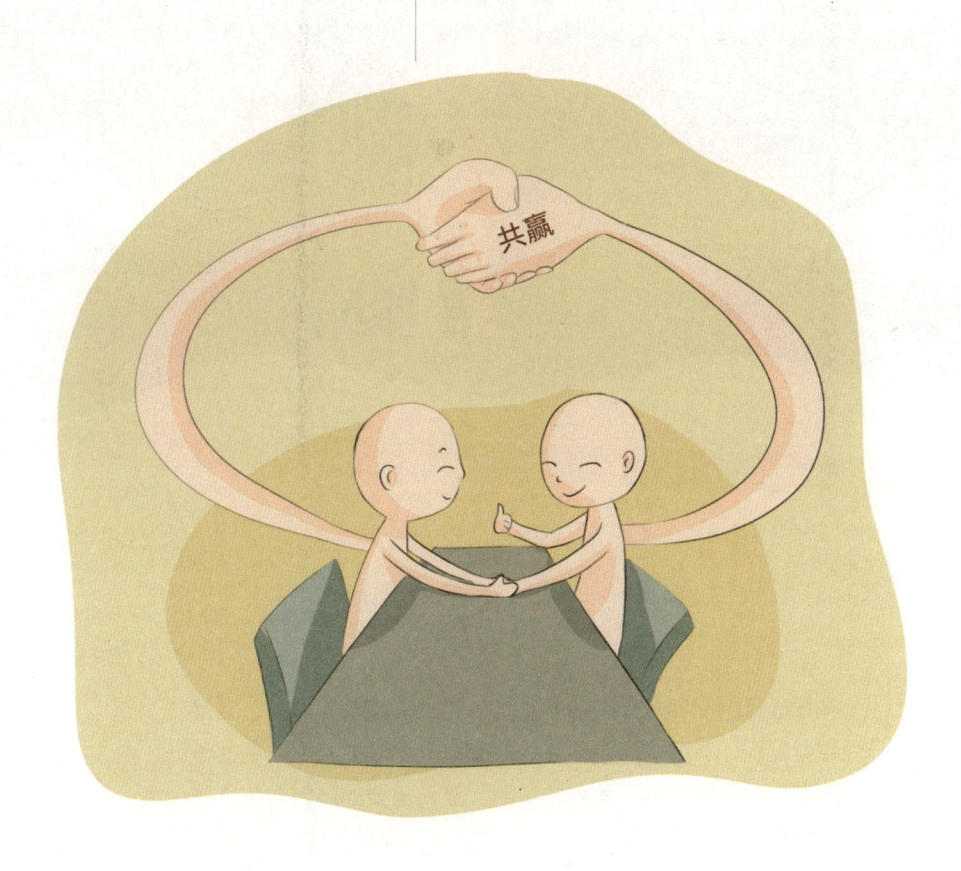

放弃是选择的一种形式。你其实可以尝试一下放弃一切,到最后你会发现,有些东西是你想放弃都放弃不了的,它们独立于你的意志——那是真正重要的东西。真正重要的东西融化在你的灵魂里,无关选择或放弃。可以放弃的,其实都并不重要。在是否放弃上的纠结,全是琐碎。

现实如何；如果我的意愿失败了，我就会陷入严重的无力无助状态；我不会承认我失败了；并且，我必须要找一个责任人来为我的失败背锅。

希特勒即一个不能接受自己意愿会失败的人，所以，尽管斯大林格勒战役中期就显示了对德军的各种不利迹象，但他还是一味坚持下去。这时，他就是活在自己的想象世界，而对于现实世界的各种不利视而不见。

当战役失败后，希特勒整个人就陷入了严重的无力无助状态，于是他再也不能像以前那样富有活力与谋略了。

历史上有无数像希特勒这样的强人，他们通过坚持不懈的努力，构建了一个帝国，但一次战役失败，就可以让这个帝国崩塌。

譬如，花剌子模国国王摩诃末堪称一代枭雄，他扩大了他的帝国，但与成吉思汗作战时，第一次战役失败就彻底灭掉了他的自信心。以后，他就躲在帝国首都，不敢面对蒙古大军，也不敢听到任何不利消息。部下若汇报不利消息，他就把部下喂老虎。

再如袁绍，官渡之战惨败后，立即杀了自己的军师田丰，其意思是，他认为田丰才该为他的惨败负责，田丰因而成了他惨败的替罪羊。

相反，曹操就是一个可以在抑郁和偏执状态不断自由切换的人，赤壁之战惨败后，他却哈哈大笑。历史上，他则是迅速调整了各种战略战术，应对赤壁之战惨败的后果。

这些都是名人，对于我们而言，在懂得坚持的同时，也能懂得放弃，同样重要。

譬如，我处理过很多中学生或大学生的个案，他们都是在没有考上自己心仪的学校后一蹶不振，甚至患上了严重的心理疾病。其中原因很多，而不能接受自己意愿的挫败是一个关键原因。

我写过一篇文章《高十二、初九与压力》，讲的是很夸张的复读故事。所谓高十二，即是高中读了十二年的人，而之所以读十二年，就是为了考上自己心仪的学校，如清华大学。这是一件非常不值得的事，因为时间太宝贵了。

我还写过一篇文章《再劫面包店——未被实现的愿望的诅咒》。《再劫面包店》是日本小说家村上春树的一部短篇小说，而我这篇文章，写的主要是人们对初恋的执着，譬如一位老人，八十多岁了，还要去见初恋圆梦，这就是偏执。但这种对初恋的执着实在太常见，徐峥的电影《港囧》讲的就是中年男人对青春初恋梦的执着，而电影中男主人公的自白"未被实现的愿望，具有魔咒般的力量"，这明显是用了我这篇文章的句子。

在青春灿烂的时间，能谈上一段刻骨铭心的恋爱，是一件非常美好的事。但也有很多初恋梦，或单恋，是没有被完整实现的。假若它已注定不能实现，或实现的成本太高，能接受它的死去，也是一种极为重要的智慧。很多恋爱中的惨烈事件，如自伤自残，甚至严重伤害对方，都是不能抑郁，不能接受失去。

懂得坚持，又能懂得失去，这是一对矛盾。如何掌握好这对矛盾，就是人生的艺术，愿我们能更好地掌握这门艺术。

# 走出心灵僻径

当忽略现实因素，而只是一味执着于自己的心愿时，偏执狂都会在一定程度上陷入想象世界。

你能否活在现实世界，还是主要活在想象世界，这是衡量心理健康的一个重要标准。这方面的专业词汇是，现实检验能力。

如果说，偏执于自己意愿是活在想象中的话，那么，还有一种更为严重的活在想象中的情形——心灵僻径。

所谓心灵僻径，即，你追求一种纯心灵的生活，而排斥世俗中的一切，譬如交际，因你受不了酒肉朋友，你也受不了关系中的相互利用；譬如欲望，你视自己的一切欲望为敌人，你觉得性是肮脏的，拒绝别人是恶的，向别人提任何请求都非常困难；你也会忽视身体，譬如不怎么锻炼身体，而宁愿将时间都花在增强你的大脑上，如学习和思考。

心灵僻径这个词复杂了一点，换成另一个常用的词，即孤僻。不过心灵僻径这个词确实很形象——你孤独地走在追求纯心灵需求的僻径上。

心灵僻径是欧洲一位心理学家提出的，而我自己觉得，走在这条路上的中国青少年尤其多。

走在这条路上的经典表现是，你似乎只剩下了纯心灵的需求，而非常不在乎人际交往和身体欲望的需求。

因心灵可以非常迷人，所以如果你又爱读书又爱思考的话，你可能会收获很多心灵上的知识，于是心灵僻径也变得看上去不错，甚至远胜于平常路。

但是，若走在这条路上，我相信你会深有体会，你并不太享受。也许身体上的需求，如吃喝玩乐，你还能屏蔽掉，貌似真不在乎，但人际关系上的需求，你势必会深切感受到，你无法不需要它。你可以自欺欺人地说，我享受孤独，我不需要朋友和恋爱，我一个人待着就挺好，但孤寂的滋味，在很多时候简直可以杀死你一般。

为什么会这样？所谓圣贤们不都是鄙视世俗欲求，而追求心灵需求的吗？

要回答这个问题，我们需要谈谈，心灵僻径是如何形成的。

幼小的孩子，譬如婴儿，他的需求无非就是吃喝拉撒睡玩，而他自己不能满足自己这些需求，他需要养育者，特别是妈妈的细心照顾，这些需求才能得到比较充分的满足。并且，养育者在照顾幼小的孩子时，其中就构成了两个因素：

第一，孩子的各种普通需求被满足，于是孩子觉得这些需求是对的，是可以存在可以被满足的，而且被满足的感觉非常好；

第二，养育者在照料孩子时，就构成了最初期的人际关系，这种人际关系上的需求被满足，其实是和吃喝拉撒睡玩这些实际需求被满足同等重要的。我们会感觉到，有人一直陪伴在自己身边，她如此重视自己，会无条件、及时地满足自己……这种被爱的感觉非常美妙。

也就是说，如生命初期，我们得到的照料比较好，我们就会深切体验到，普通需求和人际需求被满足，是非常棒的事情。于是，我们会自然而然地重视自己的这两种需求。

但是，如果在生命初期，这两种需求总是得不到足够的满足，那我们就会常常处于失望中，失望太多，就会变成绝望。绝望的滋味非常不好受，于是，我们干脆灭掉自己的渴望，这样我们就会好受一些。

灭掉了自己普通实际需求与人际需求的孩子，心里会有这样的逻辑：这些需求是不好的，也是低俗的，所以我要追求"高大上"的心灵需求。由此，就形成了心灵僻径。

心灵需求，当然是非常棒的东西。但它最好是和普通需求、人际需求结合在一起，即，这三者我们都在追求。这样一来，就是饱满的生活。

如果将心灵需求与普通需求和人际需求割裂开来，视后两者为低俗，而只去追求心灵需求，这就很容易导致你活在孤独的想象世界中。你对人、世界和你自己有各种认识，但是，这些认识，都没有经过现实的检验，于是，它们主要就是纯想象性的。你势必还会试着将这些想象带到现实世界中，这时你就会屡屡受挫。

　　受挫是一个机会，可以帮助你认识到，你的想象世界可能是有问题的。受挫可以让你警醒，帮助你转而走出心灵僻径，去深入认识现实世界。然后，如果你还是非常重视你的心灵需求，你可以以你对现实世界的深刻体验为素材，重新思考心灵是怎么回事。这时，你的思考素材，就是真实不虚的，这时的思考也更有穿透力，甚至可以说，才真正有价值，而你缺乏对现实世界深刻体验的思考，很可能是幻梦一场，甚至毫无价值。

　　不仅走在心灵僻径中的人需要从想象世界中走出而投入到真实的现实世界中，其他所谓正常人，一样需要将自己的心展现到现实世界中，拿自己的心在现实世界中去淬炼。

　　这样做的时候，我们都需要有点偏执狂的感觉，同时，又要懂得放弃。

　　人生，就是这样吧：我们从自己的心出发，发出属于自己意志的意愿，带着点偏执劲地去追求，轻易不放弃。并且，你在一个事物上越是花时间与精力，你就越能与这个事物建立密切关系，所谓成功与幸福也就自然而来；但当自己的意愿受到重挫时，我们需要衡量，看看继续下去是否值得，如不值得，则需要学习放弃；

但放弃这个意愿后，我们会再次发起新的意愿……

　　由此，我们的心就不断地展现到现实世界中，而我们又把在现实世界中学到的东西重新吸纳到心中。通过这样的过程，我们得以改变世界，同时我们的心也被世界改变。

## 跳进生命的河流

很多人，在做事前，倾向于做无比充分的准备。譬如，一次咨询中，一个男孩对我说，他想追一个女孩，他没有经验，为此买了很多本讲恋爱技巧的书，但读了很多本书后，他还是迟迟不敢去追。

你要等到什么时候才真正尝试？我问他。

他说，希望能在掌握到足够多的恋爱技巧后才开始。

听他这么说时，我脑海里出现了这样一幅画面：

一个人，想游泳，但他怕游泳，于是，他拼命在河岸上练游泳技巧……

提前做一些准备是有必要的，但是，你若真想学会游泳技巧，必须勇敢地跳进河流，在与河水的真实碰触中，体验什么叫游泳。

PART 6　　当梦想撞上现实

　　这还是一个关于想象与现实的问题。

　　如果你认为，你可以在头脑中彻底掌握一个东西，那你需要知道的是，你在头脑中，与这个事物建立的只是想象层面的关系，而不是真实的关系。

　　要想建立真实的关系，你必须去碰触这个真实的事物。

　　真实的事物，就是生命的河流，你不能在岸上学会游泳，你必须勇敢跳进生命的洪流中，拿出你的全部身心，与人、与事物真实地碰触。只有这样，你才能体验到，什么叫生命！

　　写这篇文章时，在新浪微博上看到一个博主"水木丁"发起了一条微博说：

> 　　看到那么多人世故油滑地讨论恋爱的技巧，掂量计算着得失。这年头，再说奋不顾身的爱情，显然在人眼中是傻子一般，只有被冷言冷语的分，我也问过曾奋不顾身地爱过的自己这个问题：后悔吗？答案就三个字：永远不！

　　看着她的这段文字，想起我曾经的恋爱，心里涌出这样一句感叹：

> 不管曾经多么受伤，现在都不后悔，只后悔，当时不够投入，不够勇敢。

之所以不够投入，不够勇敢，原因看起来很简单——怕。怕受伤。当时的体验是如此，但回头来看，只恨当时还不够全情投入。

曾被关进纳粹集中营的心理学家维克托·弗兰克说：当投入地去爱一个人，去做一件事，幸福就自然而来。

他的意思是，幸福不可直接追求而得，幸福是投入的副产品。但这样说还不够准确，准确来说，幸福是，你作为一个存在，与其他存在建立了真切关系的自然产物。幸福或意义感，是从深厚关系中而来的。

如果你只是使劲用头脑去想象一个人或一个事物，那意味着，你根本没有也不可能与这个存在建立关系。你必须从想象，进入到真实。你必须拿出你真实的身与心，去碰触真实的对方，这样才有可能建立关系，然后幸福与快乐才可能来临。

当然，你投入，并不意味着必然会有结果，但如果你不投入，那么一定不会有结果。

并且，投入需要耐心，因为建立真正深厚的关系需要时间。

恋爱如此，学习也一样。

并且，你必须要知道的是，中国应试教育体系中的学习，常常就是头脑层面的学习，通过孤独的努力，就可以部分实现。但是，

PART 6　／　当梦想撞上现实

一旦你进入社会，或者你需要真正掌握某种知识，仅仅头脑层面的学习，是不够的。

举个简单的例子：如果你只是从文字和图片上看"苹果"，那么你永远都不知道苹果是什么样子的，你必须去看一个真实的苹果，打开你的感官，去感受这个苹果，这才是"真实的你"与"苹果"建立的真实的关系。

## 区分想象、行为与后果

想象力无比重要，保持丰富的想象力，是一件很美的事。但这是孤独领域的事情，在关系领域，我们需要区分想象与现实。

这涉及一个简单的原则：想象与行为不同。

我们的想象世界，其丰富繁杂程度远超出一般人所理解的范畴。心理学家们深知这一点，所以弗洛伊德提出潜意识的概念，即，一个人还有自己难以意识到的潜意识世界；荣格则提出了集体无意识的概念，即，一个集体如民族，也有他们集体所没有碰触的无意识；佛教甚至提出了阿赖耶识的概念，即，在阿赖耶识里藏着整个宇宙的所有信息。如果我们能打开自己的所有意识，就能碰触到这些不可思议的部分。

也因此，我们不能根据一个人的想象，去判定这个人是怎样的。

特别是在人际交往中，谁都有丰富繁杂的想象，如果你了解到的话，绝对会吓着你。但你不能根据一个人想了什么，而去判定他是一个什么样的人。

尤其是，你不能根据一个人想象世界的黑暗程度，而去判定这个人的黑暗程度。

同样的，你也不能根据你的想象世界的黑暗程度，而去定自己的罪。

在讲心理学的课时，我常强调一句话：在想象中，我们可以做任何事。实际上也是如此，我们都有难以启齿的性的想象、暴力的想象等等。如果拿想象来给一个人定罪，我们每个人都有死罪。

所以，我们要宽容别人和自己的想象。

延伸一点，就是我们要宽容别人和自己的言语，并要知道，言语和行为不是一回事。

譬如，你的一个朋友对你发了怒，向你说了很难听的话，你要知道，这是难听的言语，而不等于他真对你做了这样的行为。

我们必须学习包容人的想象和言语。在美剧中，剧中的人物，常可以肆无忌惮地在言语上攻击彼此，但这却不影响他们的友谊，因他们知道，想象、言语和行为不是一回事。

但我们国家不同，我们很容易给人定思想罪。历史上，很多皇帝都兴起过文字狱。在现实中，假如我们在言语上得罪了谁，他也可能会忌恨很久。

为什么会这样？因为，能区分想象、行为与后果不同，这是一种心智成熟的表现，而将想象、行为与后果等同为一回事，是小孩子甚至婴儿才有的心理发展水平。

举个简单的例子：我说"我恨不得杀了你"，不等于我在行为上攻击了你，如果行为上有，那也不等于真达到了这个后果。

但对于婴儿心理发展水平的人来说，想象就等于行为，行为就等于后果，所以会因为这样一句话，而导致关系的彻底破裂。

弗洛伊德说，人类的两个动力是性和攻击，即，驱动着人做各种各样的事的动力是性和暴力。他的话有局限性，但的确是，我们的意识和潜意识中，有各种各样匪夷所思的关于性与暴力的想象。有这些想象没关系，只要你懂得，不去真正把一些可怕的想象变成伤害别人的现实，这就可以了。

总之，我们需要懂得，想象不等于行为，行为不等于后果。

## 沟通无比重要

　　从想象世界进入到真实世界，甚至是一辈子的历程。

　　最初帮我们部分完成这一历程的，是妈妈等养育者。

　　生命之初，作为婴儿，我们都是活在想象世界中，并且这个想象世界是充满破坏性的，而妈妈等养育者通过照顾与爱，让孩子从孤独的想象世界，进入与妈妈的这一最重要的关系的真实世界中。

　　孩子先从妈妈这里懂得，他对于妈妈的想象和真实的妈妈不是一回事。当深切体验到这一点后，他会将这一经验延伸到其他人身上，即，他知道，他关于其他人的判断，是想象，是假设，要想知道这个人的真实信息，就必须尊重这个人自己的说法，这要通过沟通才能完成。

也就是说，想象世界势必是孤独的，真实世界势必活在真实关系中。

我那些问题最严重的来访者，他们都有一个问题：会过于相信自己对于别人的判断，将这份判断视为正确，视为真理，而忽视甚至根本不在意对方真实的样子，甚至对方一再强调，自己都不相信。

譬如一位女大学生，她说她正在追求一个男同学，她向他发出了信号，而他收到了这个信号后给出了回应，她根据这个回应又发出了新的信号，而他又给出了新的回馈。例如，一次在食堂里，她看到他，冲着他笑，而他扭过头去，她认为这是男孩在拒绝她。她继续伤心地看着他，过了一会儿，他扭过头来看了她一眼，神情是喜悦的，她一下子轻松了下来，认为他是被她的痴情打动了……

类似的例子非常之多，她向我讲述这些过程的时候，讲得非常顺畅，但是我注意到，她极少向我说，对方说了什么话。也就是说，她都是通过对方的蛛丝马迹来判断对方是怎么回事，而一旦有了判断，她就对自己的判断信以为真。

但是，她这些都是想象而已。她是严重地活在自己的想象中，在工作、学习和恋爱中都是如此，也包括和我的关系。

所以，我给她提了一个非常简单的建议——务必重视沟通。对于容易将想象等同为现实的来访者，我都会给他们提这一个建议，并督促他们去做。结果他们势必会发现，90%的时候，他们的判断都是错的，他们笃定的判断，都只是他们自己的想象，对方根本不是这么回事。

并且，要命的是，越是活在想象中的人，越是容易掉进黑暗中。这是人性中非常有意思的一点。

从心理学上来讲，每个生命刚出生时，是觉得自己不好不坏的，他会不断向这个世界发出种种声音，而他的声音，必须得到别人的积极回应，然后他就会觉得自己的声音是好的，进而觉得自己是光明的、美好的。但如果得到的是负面回应，或者是冷漠，那么，他就会觉得自己是黑暗的、糟糕的。

所以说，我们最初必须得借助别人给出的积极回应，才可以确信自己是好的受欢迎的，而如果没有得到积极回应，就会觉得自己是坏的不受欢迎的。而我们之所以会活在想象中，就是因为在生命早期，在自己家里，缺乏父母的积极回应，于是我们会针对自己，针对父母，有很多负面的想象。等我们长大后，会将这种状态也展现在其他关系中。

哈佛大学一项针对几百人、持续几十年的研究发现，好的人际关系，是人生幸福的第一要素。

之所以如此，是因为所谓好的人际关系有大量的积极回应，我们的生命因此有了被照亮的感觉，你因而由衷地觉得自己好。如果缺乏好的人际关系的回应，我们就会觉得自己陷入了黑暗中。

那么，好的关系的对立面是什么？这有两个：坏的关系，孤独。

虽然老有人说，享受孤独。但是，真正能享受孤独的人，其实都是心里头住着爱的人。如果心里没有住着爱，那么，越孤独，越会让一个人觉得自己与外部世界，都变得更黑暗。

一个非常孤僻的来访者说，他隔一段时间就会让自己宅几个星期，然后再出去的时候，就会感觉外部世界似乎多了很多敌意，而自己对外部世界也多了很多敌意，并且，他会觉得，好像自己的内在世界变黑暗了。

所以，有这样一个简单的道理，而且我在咨询与生活中觉得是真理：活在真实丰富的关系中，你会被照亮；活在孤僻中，你的生命会逐渐暗淡下去。

所谓的坏的关系，一个重要原因是缺乏沟通，关系的双方都活在想象世界中，很容易对彼此有恶意想象，即觉得对方对自己充满恶意。但如果真去沟通的话，你会发现，即便两个不是那么善良的人，他们彼此间的真实恶意，常常也远远低于你的想象。并且，在看似不够好的关系中进行沟通时，区分想象（言语）、行为与后果之间的不同，是至关重要的。因为只有做到这一点，才能学会包容彼此想象层面的敌意。

去试试沟通吧，要特别重视对方真实说过的话，你会发现一个不一样的世界。